少儿说文解字

张一清 主编

少儿说文解字

木林森
MU LIN SEN

张一清 著

接力出版社
Publishing House

图书在版编目（CIP）数据

木林森 / 张一清著 .—南宁：接力出版社，2021.9
（少儿说文解字 / 张一清主编）
ISBN 978-7-5448-7321-5

Ⅰ. ①木… Ⅱ. ①张… Ⅲ. ①汉字 - 儿童读物 Ⅳ. ① H12-49

中国版本图书馆 CIP 数据核字（2021）第 153971 号

责任编辑：朱晓颖　美术编辑：王 雪 刘 莹
责任校对：张琦锋　责任监印：刘 冬
社长：黄 俭　总编辑：白 冰
出版发行：接力出版社　社址：广西南宁市园湖南路 9 号　邮编：530022
电话：010-65546561（发行部）　传真：010-65545210（发行部）
http://www.jielibj.com　E-mail:jieli@jielibook.com
经销：新华书店　印制：唐山嘉德印刷有限公司
开本：710 毫米 ×1000 毫米 1/16　印张：18.25　字数：245 千字
版次：2021 年 9 月第 1 版　印次：2021 年 9 月第 1 次印刷
定价：39.80 元

版权所有　侵权必究

质量服务承诺：如发现缺页、错页、倒装等印装质量问题，可直接向本社调换。
服务电话：010-65545440

给小读者的话

亲爱的小读者,你们每个人都有自己的名字,而且你们的名字一定很好听,意思也都非常好。可是,你们想过吗,你们的名字为什么写成这样?这些字为什么会表示这样的意思?还有,一个字在古代和现在长得一样吗?许多字为什么这样写是对的,那样写就是错的?

要回答这些问题,我们就需要了解汉字是怎么产生的。

你们一定都听说过"仓颉造字"的故事。几千年前,当人们需要把一些事情记录下来,最初采用的是在绳子上面打结的方式,也就是"结绳记事"。不过,由于需要记录的事情太多,用这种方法很容易引起颠倒混淆,而且还可能搞不清楚记录的究竟是什么事情。另外,当时人们虽然已经可以用语言进行面对面的口头交流,但是如果想要和那些不在眼前的人进行交流,却仍然是不可能的。因此,后来就出现了一个非常聪明的人,他叫仓颉。

据说,当时仓颉是受到了不同动物脚印不同的启发,于是他意识到万事万物都有自己的特征,所以他想:如果能抓住事物的特征画出图像,让大家都能认识,这不就可以成为记录事情的符号吗?就这样,仓颉便开始仔细观察日月星辰、江河湖海、飞禽走兽以至锅碗瓢盆,并认真捕捉它们各自的特点,然后按照这些特征画出图形,造出了以事物轮廓为标志的文字符号。当然,就像鲁迅先生说的那样:"仓颉也不止一个,有的在刀柄上刻一点图,有的在门户

1

上画一些画，心心相印，口口相传，文字就多起来……"可见，我们的汉字是中华民族智慧的祖先共同创造的。

从"仓颉造字"的传说不难看出，汉字在最初的时候就是通过描画事物的轮廓而形成的，这样的汉字正是我们所说的"象形字"，比如：

只要仔细一看，基本上就能猜出它们分别是"鸟、鱼、虫"。这样的字真是又好认，又好记。

象形字虽然有这么多好处，但是也存在一些不足：第一，有许多事物很难用一个符号画出它们的特征，比如"病、盐、院"等；第二，有些需要记录的事情也并不是具体事物，所以很难用画轮廓特征的方法表现，例如"饿、读、远"等；第三，有些事物的轮廓特征非常相似，所以很难画出能够分辨清楚的符号，如"鲤鱼"和"鲫鱼"，"喜鹊"和"乌鸦"等。

因此，聪明的古人又想出了别的造字方法，比如：

你们看一看，猜一猜，大概也不难猜出它们分别是"一、下、中"。这种通过端详便能猜出意思的字，它们虽然并不描画具体的事物，但是表示出了人们能够体会出来的情况或现象。用这种方法创造出来的汉字叫作"指事字"。

另外，还有一些汉字，如"明、休、闪"等，只要了解构成这些汉字的各个部分的含义，然后再把它们合在一起，一般也能猜到整个字的大致意思。这样的汉字也有个名称，叫"会意字"。

最后，在汉字里占绝大多数的是"把、湖、跑、苇、梨、盆"这一类汉字，它们是用一个与意思有关的部分，如"扌、氵、足、艹、木、皿"，和一个与读音有关的部分，如"巴、胡、包、韦、利、分"，合到一起组成一个字。用这种方法创造出来的字称为"形声字"。

除了上面提到的象形、指事、会意和形声这四种造字方法，古代还有两种用字方法，分别称作"假借"和"转注"，它们和四种造字方法合在一起被称为"六书"。

到目前为止，从现在已经出土的文物看，最早的汉字是三千多年前的殷商时期，古人刻在乌龟壳或者动物骨头上的汉字，这就是"甲骨文"。随后，由于古代铸造业的发展，西周时开始在一些金属器物上铸造汉字，这种汉字叫作"金文"。再往后，春秋战国时期，各诸侯国使用的汉字出现了字形不统一的现象，所以，秦始皇统一六国之后，便要求当时秦朝的丞相李斯以秦国汉字为基础，整理出了称为"小篆"的标准汉字。由于小篆笔画多，结构复杂，书写比较麻烦，所以后来又出现了字形简单、便于书写的隶书和楷书，逐渐形成了方方正正的"方块字"。

从古至今，由于书写工具的不同、各个历史时期语音的变化以及所要表达的意义不断丰富，汉字的字形、读音和意思一直处在发展演变之中。这个过程既有继承，也有发展和创新，小小的汉字，凝聚着祖先的智慧，浓缩了中华文明的点点滴滴。我们在本套书中将和大家一道，探索汉字的源头，了解汉字字形和意思的发展变化，学习正确使用汉字，并关注与汉字有关的历史文化。

如何使用本书？

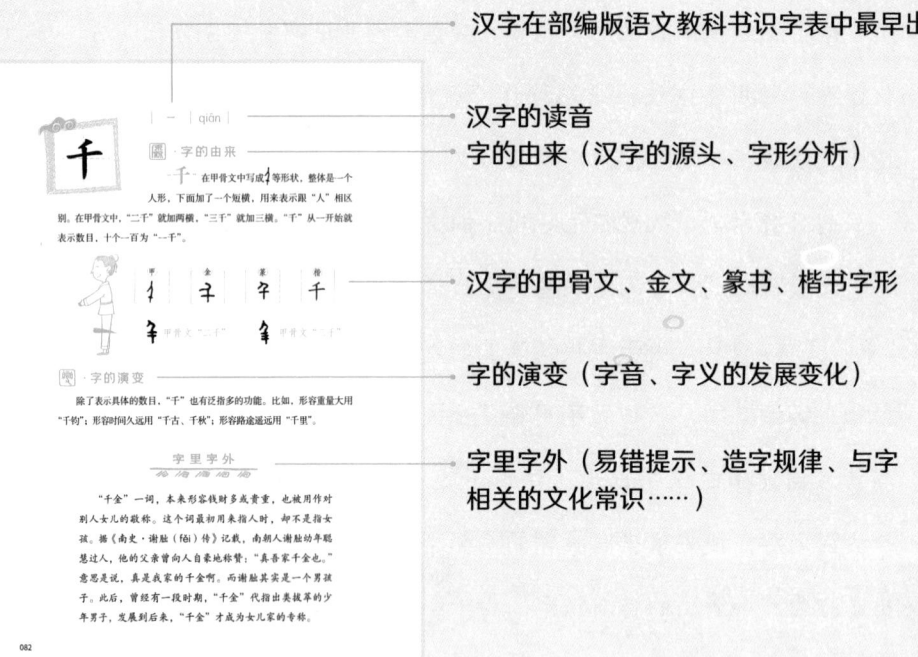

汉字在部编版语文教科书识字表中最早出现的年级[①]

汉字的读音

字的由来（汉字的源头、字形分析）

汉字的甲骨文、金文、篆书、楷书字形

字的演变（字音、字义的发展变化）

字里字外（易错提示、造字规律、与字相关的文化常识……）

[①] 部分常用汉字在该识字表中未出现，故未标注年级。

目　录

木（木）部

木 ·002
术 ·003
朽 ·004
朴 ·006
机 ·007
权 ·008
杀 ·009
杂 ·010
杆 ·011
杠 ·012
杜 ·013
材 ·015
村 ·016
杖 ·017
杏 ·018
杉 ·019
极 ·019

李 ·020
杨 ·021
杠 ·022
林 ·023
枝 ·024
杯 ·024
枢 ·025
柜 ·026
枚 ·027
析 ·028
板 ·029
松 ·030
枪 ·032
枫 ·032
构 ·033
杭 ·034
杰 ·034
枕 ·035
标 ·036

栈 ·037
柑 ·038
枯 ·038
柄 ·039
栋 ·040
相 ·041
查 ·042
柏 ·043
栅 ·044
柳 ·045
柱 ·046
柿 ·047
栏 ·047
柠 ·048
树 ·049
柒 ·051
染 ·051
架 ·053
栽 ·054
框 ·054
椰 ·055
桂 ·056
桔 ·057
栖 ·058

档 ·059
桐 ·060
株 ·061
桥 ·061
桦 ·062
栓 ·062
桃 ·063
格 ·064
桩 ·065
校 ·066
核 ·067
样 ·068
根 ·069
柴 ·070
桨 ·070
械 ·071
彬 ·072
梗 ·072
梧 ·073
梢 ·073

1

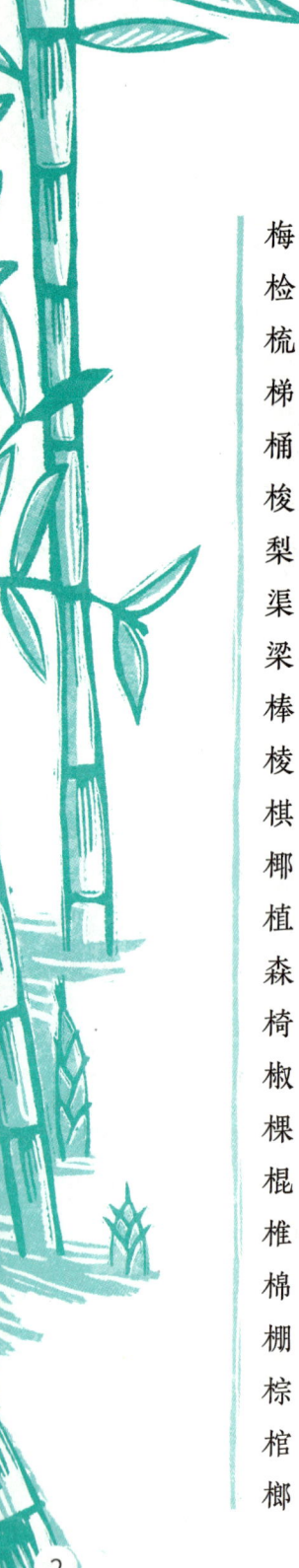

梅	·074
检	·076
梳	·077
梯	·078
桶	·079
梭	·079
梨	·080
渠	·081
梁	·081
棒	·082
棱	·083
棋	·084
椰	·084
植	·085
森	·085
椅	·087
椒	·087
棵	·088
棍	·089
椎	·089
棉	·090
棚	·091
棕	·092
棺	·092
椰	·093

椭	·094
棠	·095
椿	·096
楷	·096
榄	·097
槐	·098
榆	·099
楼	·100
概	·101
模	·102
槛	·102
榴	·103
榜	·103
榨	·105
榕	·105
横	·106
槽	·107
樱	·108
橡	·109
樟	·109
橄	·110
橱	·110
橙	·110
橘	·111
檬	·112
檐	·112
檀	·113

支部

支	·115
翅	·116

犬（犭）部

犬	·118
犯	·119
狂	·119
犹	·120
狈	·121
狐	·122
狗	·123
狞	·124
狭	·124
狮	·125
独	·126
狰	·127
狡	·127
狱	·128
狼	·129

哭	·129
狸	·131
狼	·132
猜	·133
猪	·133
猎	·134
猫	·135
猖	·136
猛	·136
猩	·137
猬	·137
猾	·138
猴	·138
献	·139
猿	·140

歹（歺）部　车（车、車）部

歹 ·142
列 ·142
死 ·143
歼 ·144
残 ·145
殃 ·146
殊 ·146
殉 ·147
殖 ·148

车 ·150
轧 ·151
轨 ·151
轩 ·152
轰 ·153
转 ·154
斩 ·155
轮 ·155
软 ·156

轴 ·158
轻 ·159
载 ·160
轿 ·161
较 ·161
辅 ·162
辆 ·163
辐 ·164
辑 ·164

输 ·165
辖 ·166
辗 ·166
辙 ·167

牙部

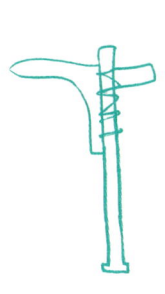

牙 ·169
邪 ·170
鸦 ·171
雅 ·171

戈部

戈 ·174
戊 ·175
戎 ·176
戌 ·177
成 ·178
划 ·179
戒 ·180
或 ·182
咸 ·183
威 ·184
战 ·184
戚 ·185
戳 ·188

比部

比 ·190
毕 ·192
皆 ·193
毙 ·194

瓦部

瓦 ·196
瓷 ·196
瓶 ·197

止部

止 ·199
此 ·200
步 ·200
武 ·202
歧 ·203
肯 ·204
些 ·205
雌 ·205

攴（攵）部　日（曰、日）部

收	·207
政	·208
故	·209
效	·210
教	·211
救	·212
敏	·213
敛	·213
敢	·214
散	·215
敬	·216
敞	·217
敦	·218
数	·219
敷	·220
整	·221

日	·223
旦	·224
旦	·226
早	·227
旭	·228
旱	·229
时	·229
旷	·231
昔	·232
旺	·233
昆	·233
昌	·235
明	·236
易	·237
昂	·238
春	·239
昧	·241
是	·242

显	·243
冒	·244
映	·246
星	·246
昨	·248
昭	·248
晋	·249
晒	·250
晓	·252
晃	·253
晌	·254
晕	·254
曹	·255
晨	·256
曼	·258
晦	·259
晚	·260
替	·261

暂	·262
晴	·262
暑	·263
最	·264
晰	·265
量	·266
晶	·267
晾	·268
景	·269
智	·270
普	·271
曾	·272
暖	·274
暗	·275
暇	·275
暴	·276
曙	·277
曝	·278

木（朩）部

"木"在甲骨文中写成✶等，描画的是树木的形状。它最初的意思就是树木。

现在被归到"木"部的字，大致有以下几种情况。

一是字的意思与"树木"有关，而且这些字绝大多数都是树木的名称，例如"桃、李、松、柏、桑、梓、杨、柳"。但是也有个别汉字里面的"木"其实是把树木当成了某种参照物，比如表示"仔细观察"的"相"等。

二是字的意思与"木头"有关，而且大部分都表示以木材为制作材料，比如"杆、椅、柜、案、框、杖"。

但是，由于把汉字归入不同部首的规则所限，一些包含"木"，而且字的意思同样与木头等有关的字，如"床"等，被归入了其他部首。

另外，"木"在个别汉字里，也表示字的读音与它接近，比如"沐"。

| 一 | mù |

◉ · 字的由来

"木"在甲骨文中写成 等，描画的是一棵树的形状，中间是树干，上边有树枝，下边有树根。

"木"最初的意思是树，例如"独木不成林"，又如《庄子·外篇·山木》："庄子行于山中，见大木，枝叶盛茂。"

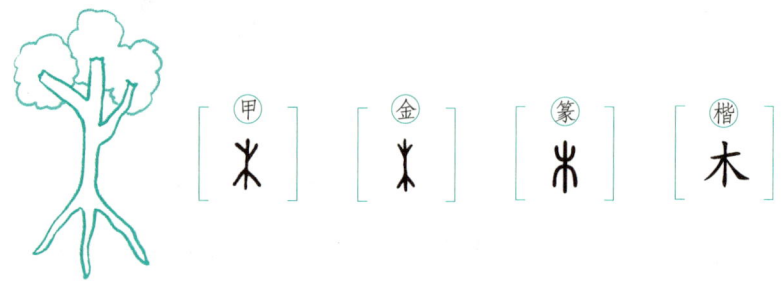

◉ · 字的演变

由于树木是一种很有用的原材料，用途广泛，可以用来建造房屋、制作家具和器皿，还可以用来造纸、制药，所以"木"后来就产生了"木材、木料"等意思，比如《论语·公冶长》中的"朽木不可雕也"，句子的意思是腐朽的木头是没办法再雕刻成器物的。孔子这段话说的是一位名叫宰予的弟子，因为这名弟子虽然能说会道，但是却很懒惰，所以，孔子有感而发，认为对于一个人的全面评价，应当是听其言，观其行，而不能仅仅听信他说的话。而实际上，这种人就像腐朽的木头一样，基本上成不了什么大器。

在古代的一些诗文中，"木"也表示树叶，如杜甫《登高》："无边落木萧萧下，不尽长江滚滚来。"

由于古代的棺材都是以木头制成，所以"木"也可以表示棺材，如"棺木、行将就木"。

木材在尚未加工的时候，是天然的和质朴的，于是，"木"后来也产生了"质朴"的意思，比如"木讷"，又如《汉书·张陈王周传》中的"勃为人木强敦厚"，句子的大意是说西汉开国将领周勃为人质朴、敦厚，而且比较倔强。

如果为人太过质朴，有时也意味着"反应迟钝"甚至是"麻木"，因此，"木然、木头木脑"以及"脚冻木了、热汤烫得舌头有点木"等，表示的就是这一类状况和意思。

| = |shù·zhú|

·字的由来

"术"有两个来源：一个是这种字形本身，另一个是把这个字放在"行"的中间。

第一个来源的"术"在甲骨文里写成 ，到小篆的时候则有两种字形 和 。它实际上就是我们现在还在使用的"秫"，原本指的是黏高粱。但是从严格意义上说，这种来源的"术"以前应当写成"朮"，后来由于字形接近，所以就演变成现在的"术"了。

这个来源的"术"还读 zhú，主要用于可以入药的植物"白术、苍术"等。

第二个来源的"术"，"行"由于原本表示路口，所以表示"术"的意思与道路有关，而"术"本身则表示这个字与它读音接近。汉字简化的时候，则把这个来源的"术"干脆简化成了"术"。

这个来源的"术"最初的意思是城镇中的道路，随之也表示一切道路，例如《墨子·旗帜》中有这样几句话："巷术周道者，必为之门。门二人守之，非有信符，勿行。"句子的大意是在城镇中，但凡环绕连通的道路，路上必然设门，每一道门都有两个人守卫，没有通行证的人，一律不会放行。

字的演变

由于"术"表示道路，而道路则意味着由此及彼的途径，并且它们还纵横交错，井然有序，显得很严谨，所以，"术"后来就产生了以下几种与此相关的意思。

第一种是方法或策略，如"战术、权术"，又如《太平御览》："臣有百战之术。"

第二种是技艺、技术或学术，比如"武术、医术、美术、不学无术"，又如韩愈《师说》中的"闻道有先后，术业有专攻"，大意是每个人了解知识和道理有先有后，技艺和学问也各有所长。

第三种是手术，例如"术前准备、术后康复"。

xiǔ

字的由来

"朽"在金文中写成 ⿰等，左边是"丂"（kǎo），右边是"木"，到小篆的时候写成 ⿰等，演变成左"木"右"丂"，并且这时候还出现了左边写成"歺"（è）的字形 ⿰，当时甚至认为这种字形才是具有正统地位的正体字形。"歺"的意思是剔掉肉之后的骨头，含有"残"的意思，所以表示"朽"的意思与残有关。但是从金文字形看，显然"朽"这种字形产生的年代更加久远。

"朽"左边的"木"表示字的意思与木头有关，右边的"丂"表示

"朽"在古代的读音与它接近。它最初的意思就是木头一类的东西腐烂，例如《荀子·劝学》："锲而舍之，朽木不折。"句子说的是如果用刀雕刻木头的时候半途而废，那么，就算刻的是一块腐烂的木头，也不能把它弄断。这句话真正的含义是人在做任何事情的时候，都应当持之以恒，不能半途而废。

· 字的演变

由表示腐烂，"朽"后来也产生了"衰老"的意思，比如《三国志》："臣虽朽迈，敢忘往言？"这句话是司马懿对同为魏明帝托孤重臣的曹爽说的话，意思是我虽然年老体衰，但是也不敢忘了当年对魏明帝说过的话。

表示衰老意思的"朽"，实际上常常被人们用来表示自谦，如年纪大的人往往在和别人交往时自称"老朽"。

字里字外

屹立在北京天安门广场的人民英雄纪念碑，正面镌刻着毛泽东主席亲笔手书的八个大字："人民英雄永垂不朽"。这是为新中国解放事业献出宝贵生命的无数革命先烈永远活在人们心中的真实写照。

四 | Piáo·pō·pò·pǔ

字的由来

"朴"这个字有两个来源，一个是这种字形本身，另一个是以前右边写成"菐"（pú）的字形。左边的"木"表示字的意思与树木有关，右边的"卜"和"菐"都表示"朴"的读音与它们接近。

第一个来源的"朴"最初的意思是树皮，读音是 pò，例如西汉文学家司马相如《上林赋》中的"亭柰（nài）厚朴"，大意是高大的沙果树和树皮厚实的朴木。

第二个来源的"朴"最初的意思是未经加工的木材，例如老子《道德经》中的"朴散（sàn）则为器"，意思是原木经过加工就可以成为器物，其中"散"的意思是加工、雕琢等，因为雕琢木材会使原材料上分散出木屑等。

字的演变

先看第一个来源的"朴"。现在，"朴"也指榆木科的一种落叶乔木——朴树。这个"朴"在表示古代一种兵器"朴刀"的时候，读音是第一声 pō，《水浒传》里，"豹子头"林冲使用的兵器就是朴刀。而在表示源自古代巴国以及后来朝鲜半岛的一个姓氏的时候，"朴"的读音则是 Piáo。

这个来源的"朴"后来也和第二个来源的"朴"意思相通，读音也是 pǔ，所以到汉字简化的时候就采用了这种比较简单的字形。

再看第二个来源的"朴"。由于含有"未经加工或雕琢"等含义，所以"朴"后来就产生了"朴实、质朴"等意思，比如"朴素、俭朴"。

一 jī

字的由来

"机"这个字有两个来源，一个是这种字形本身，另一个是以前右边写成表示细微等意思的"几"（jī）的繁体字形"幾"的字。左边的"木"表示字的意思与树木有关，右边的"几"和"几"的繁体字都表示"机"的读音与它们接近。

第一个来源的"机"，最初指的是一种落叶乔木，例如《山海经·北山经》："北山经之首，曰单狐之山，多机木。"这种乔木又称"桤（qī）木"，后来就以"桤"为正式名称了。

第二个来源的"机"，最初指的是弓弩上的发射机关，如沈括《梦溪笔谈·器用》："郓（yùn）州发地得一铜弩机，甚大，制作极工。"

字的演变

先看第一个来源的"机"。在不表示"机木"之后，"机"产生了原本是"几"最初具有的"比较矮的几案"这种意思，比如《庄子·齐物论》中的"南郭子綦（qí）隐机而坐"，说的是一位名叫南郭子綦的人靠着几案而坐。不过，"机"的这种意思后来又完全还给"几"了。

再看第二个来源的"机"。由最初单指"弓弩上的发射机关"，"机"后来产生了"一切发射或者发动机关"以及装备这类机关的器械或装置等含义，也就是"机器、机械"等，如"扳机、发动机、起重机、打字机、拖拉机"；后来也专门指飞机，如"机场、班机、战斗机"。

任何机械上的启动机关都是机械装置的关键与核心，所以，"机"后来也可以表示"事情变化的枢纽、有重要关系的环节""重要的事情"以及"机会、时机"等意思，例如"转机、一线生机""日理万机""趁机、机不可失、随机应变"等。

对于人的内心世界来说，某些"心思、念头"也很像驱动行为的启动机关,于是,"机"也就发展出了"心思、念头"等意思,如"心机、动机"。

作为能够起关键作用的机关,"机"也意味着"灵活、灵巧",能够迅速适应事物的变化,比如"机灵、机巧、机智、机警"。

五 quán

·字的由来

"权"左边的"木"表示字的意思与树木或者木头有关,右边以前写成"藋"(guàn),表示"权"在古代的读音与它接近。宋元之际,民间出现了"权"这种简单字形,右边的"又"只是起一种记号作用。后来,汉字简化的时候就采用了这种简单的字形。

"权"最初指的是一种也称"黄华木"的树。

·字的演变

"权"后来被借去表示秤锤以及秤,例如《论语·尧曰》中的"谨权量",大意是仔细调校度量衡的器具与标准。

由表示度量衡的器具,"权"随之也可以表示衡量、估量等,如"权衡、权其轻重",又如《孟子·梁惠王上》中的"权,然后知轻重",意思是称量之后才可以知道事物的轻重。

因为"权"最初专门表示称重量,而重量则与重担有关,重担又与人所承担或拥有的职责、义务等有关系,所以,"权"后来也产生了"权力、权利"等含义,比如"权柄、权臣、兵权、当权、掌权""权益、人权、公民权、选举权、知情权"。

"权"也表示"暂且、姑且",如"权且、权充、一个人权当两个人用"。"权"还可以表示"变通、打破常规"等,例如"权宜、通权达变"。

四 shā

·字的由来

"杀"在甲骨文中写成 ![](等,左边是表示兵器的"戈",右上据考证表示的是人的长发。到金文的时候,写成 ![](等,"戈"移到了字的右边,左边则是完整的人的形状。两种字形表示的都是砍头、杀戮等意思。小篆的时候,写成、金文左边的人和长发形状演变而来的"朮"(zhù),以及右边表示兵器的"殳"(shū)构成,意思依然是杀戮、处死。汉字简化的时候,简省了"殳",于是形成了现在我们使用的"杀"。

"杀"最基本的意思就是使人或动物等失去生命、弄死,如"杀虫剂、杀鸡给猴看"。

·字的演变

由于战争、战斗等常常意味着死亡,所以"杀"也产生了"战斗"的意思,比如"杀出重围、杀出一条血路"。

如果把"杀"最初包含的"砍伐"的意思用于事物,那么,砍伐的

009

结果则意味着使事物受到减损和削弱,因此,"杀"就发展出了"削弱、减少、消除"等意思,比如"杀价、杀一杀他的威风"。

"杀"由于与"煞"读音相同,所以还可以表示"煞"所具有的"结束"以及"程度很深"等意义,如"工程已经杀尾了""气杀人、热杀我了"。

"杀"在一些地方话里还可以表示"药物等刺激皮肤或黏膜,使人产生疼痛等感觉",例如"药水有点杀眼睛"。

四 zá

·字的由来

"杂"在小篆里写成 雜,结构很有意思,左上是"衣",表示字的意思与衣服有关,左下的"木"和右边的"隹"构成了"集",表示"杂"在古代的读音与"集"接近。后来左上的"衣"误变成了"九",汉字简化的时候又简省了右边的"隹",于是就形成了现在我们使用的"杂"。

"杂"最初的意思是各种色彩搭配制成的衣服,随后就产生了多种色彩相配合的意思,比如《周礼·考工记》:"画缋之事,杂五色。"句子的大意是,绘画就是把各种色彩搭配在一起。

·字的演变

由表示多种颜色搭配,"杂"后来就产生了"混合在一起、掺杂"以及"多种多样的"等含义,例如"错杂、夹杂、混杂、黄色里面杂了一点绿""杂技、复杂、他的爱好比较杂"。

既然包含"混杂"的含义,而混杂总是难免让人产生"不符合某种条件和标准的人或事物混进了具备条件的集合里"的感觉,那么,"杂"自然也就产生了"正式的以外的、正项以外的"这一类的意思,如"杂费、杂牌"。

= | gān·gǎn |

字的由来

"杆"左边的"木"表示字的意思与树木、木头有关,右边的"干"表示字的读音与它接近。

虽然字形简单,但是,"杆"最初却有几种读音与意思。

"杆"的第一种读音是第四声 gàn,有意见认为指的是"檀木",也有意见认为指的是"柘(zhè)树"。但是,这种读音与意思现在已经不再使用了。

"杆"的第二种读音是第一声 gān,意思是比较长的木棍或其他棍子,如"桅杆、旗杆、路边竖着几根杆儿"。

"杆"的第三种读音是第三声 gǎn,意思是"器物上像棍子的细长部分",比如"笔杆、枪杆、秤杆"。随后,"杆"也可以表示有杆的物体的数量,例如"一杆枪、两杆秤"。

011

四 gāng ·gàng

·字的由来

"杠"这个字有两个来源,一个是这种字形本身,另一个是以前右边写成"贡"的繁体字形,即"槓"。左边的"木"表示字的意思与树木、木头有关,右边的"工"和"贡"都表示"杠"在古代的读音与它们接近。

第一种来源的"杠"读音是第一声 gāng,最初指的是床前的横木,例如《急就篇》:"奴婢私隶枕床杠。"句子的大意是大户人家的仆人枕着床前的横木睡觉。

第二种来源的"杠"读音是第四声 gàng,指的是比较粗的棍子,例如"杠杆、撬杠、顶门杠"等。

·字的演变

第一个来源的"杠"后来也指旗杆或者用木头修筑的小桥,比如《晋书·载记·石季龙上》中的"左校令成公段造庭燎于崇杠之末",句中"庭燎"指的是照明用的火炬,句子的大意是一名职务是左校的官员命令一个叫成公段的人在高高的旗杆顶端制作照明用的火炬。又如《孟子·离娄下》中的"岁十一月徒杠成",说的是农历十一月的时候小桥建成,句中的"徒杠"指的是供人徒步过河使用的小桥。

第二种来源的"杠"现在也表示体操比赛中单杠、双杠、高低杠等器械,如"杠上动作、下杠站得很稳"。这个"杠"后来也可以表示机床上的棍状零件,如"丝杠"。

"杠"也指画出来的比较粗的直线,比如"他在纸上画了几条杠""三道杠是大队长"等。以这种意思为基础,当人们修改文稿的时候,常常会用画线条的方式表示删除某些内容,所以,"杠"也就产生了"把不通的文字或错误内容用直线删去或标出"这种意思,例如"他在草稿上杠出了一些词语"。

由于"杠"有画线的含义，而"线"又常常意味着某种边界，边界则隐含着"区分"界线两边的意思，所以，"杠"也可以表示某种"标准"，比如"奖励标准定了几条杠"。

如果人的手里拿着"杠"，它显然可以成为用来与别人争执的一种工具，于是，"杠"就有了"与人争"的含义，如"抬杠、和人杠上了"。

"杠"也表示一种抬送灵柩的工具，如"杠夫、杠房"。

= | dù

·字的由来

"杜"这个字从甲骨文到现在，一直由"木"的"土"这两部分构成，只是它们在构成"杜"的时候左右位置有些变化。"杜"字里面的"木"表示字的意思与树木有关，"土"则表示"杜"的读音与它接近。

"杜"最初指的是一种落叶乔木，果实味涩，俗称"杜梨"，也称"棠梨、赤棠、甘棠"。

·字的演变

由于"杜梨"味涩，而"涩"与意思为阻塞的"塞"读音相同，尤其是"涩"本身也意味着不通畅，所以，"杜"后来就产生了"堵塞、阻塞"等含义，比如"杜绝、杜门谢客"。

字里字外

杜鹃,既指一种叫"映山红"的植物,也指一种叫"子规、杜宇"的鸟类。而根据传说,这种鸟与这种植物之间还存在着千丝万缕的联系。

传说杜宇原本是古蜀国的开国君主,他治国有方,深受百姓爱戴。他去世之后,由于惦念蜀国百姓,便化作杜鹃鸟盘旋在蜀国上空。因为思念心切,他常常在啼叫时吐出忧思的鲜血,鲜血融入蜀国大地,又化成了鲜红的"杜鹃花"。

因为这样的传说,所以杜鹃鸟和杜鹃花便有了一种凄美的联系,而且"杜鹃鸟"在古代还出现过"杜宇魂、杜魄、杜宇魄、蜀王魄、蜀帝魂、古帝魂、蜀鸟、蜀魄、蜀魂、蜀鹃"等别名。

三 | cái

·字的由来

"材"左边的"木"表示字的意思与树木或木头有关,右边的"才"表示"材"的读音与它接近。

"材"最初指的是木材、木料,而且是指形状挺直的木料,能够用于多种用途。

·字的演变

由表示"木料",后来"材"也产生了"材料、原料"等意思,例如"钢材、教材、素材、就地取材",又如《管子·小问》:"选天下之豪杰,致天下之精材,来天下之良工,则有战胜之器矣。"句子的大意是选用天下有才能的人,收集天下的好材料,招募世间的能工巧匠,就相当于有了克敌制胜的武器。

好的材料一般都具有天然的材质,所以"材"也可以指资质,比如《礼记·中庸》:"故天之生物,必因其材而笃焉。"句子说的是一切天然的事物,必然会因为它天生的材质而稳固地存在。

资质显然也适用于人,所以"材"在古代也可以表示才能,如《左传·僖公二十八年》中的"公欲杀之而爱其材",说的是晋文公本想处死一位将领,但是却又爱惜他的才能。不过,这种意思现在都要用"才"来表示了,而不能再用"材"。"材"现在只能表示"某一类人"的意思,如"蠢材、栋梁之材"等,但是,"人才"一定不能写成"人材"。

另外,"材"也可以表示棺木、棺材,比如"寿材"。

015

| 一 | cūn |

·字的由来

"村"左边的"木"表示字的意思与树木有关，右边的"寸"表示"村"的读音与它接近。至于这种字形是不是唐代诗人孟浩然《过故人庄》中"绿树村边合"的写照，只能任凭想象了。

而实际上，一般认为"村"这个字是后来出现的一种通俗字形，原本表示村庄、村落含义的是现在只能用于人名的"邨"（cūn）。这种字形左边的"屯"既表示字的读音与它接近，也由于本身就有"人聚居的地方"这种意思，所以也表示字的意思与"人聚居的地方"有关；右边的"阝"是表示城镇的"邑"的变形，所以表示字的意思与村镇有关。左右合在一起，"村"最初指的就是村庄、村落等，例如"村口、村民、山村、乡村"，又如陆游《十一月四日风雨大作》："僵卧孤村不自哀。"

·字的演变

由于轻视与乡村有关的一切这种封建意识作怪，所以，古代的时候，"村"就产生了"粗俗"这样的含义，比如"村俗、村野、村夫俗子"。

当今时代，这样一些表达形式虽然从古代延续到了今天，但是，我们只是把它们当作语言中的一些词语使用而已，而在观念上，不应该再有封建时代歧视农村的想法。

五 zhàng

字的由来

"杖"左边的"木"表示字的意思与树木或木头有关,右边的"丈"表示"杖"的读音与它接近。

"杖"最初指的是棍子,例如"禅杖、魔杖、擀面杖"。与此同时,它也可以用来专门表示用于扶着走路的棍子,也就是手杖或拐杖等。

字的演变

"杖"在古代还是一种刑具,是对犯错误或者犯罪的人施以杖刑时所用的棍棒,而且针对不同刑罚,对棍棒的长短还有不同规定。

由于是可以借助来走路的工具,所以,"杖"在古代也产生过"握、持"以及"依靠、凭借"等含义,但是这些意思后来又创造了"仗"这个字来承担,所以,"杖"现在就不再表示这一类意思了。

字里字外

作为走路用的手杖,在一般情况下,往往是年长者用"杖"的时候更多,所以,古时候为了表示对上了年纪的老者的敬重和孝顺,官府也有向老年人赠送手杖的传统,例如《礼记·月令》中就有这样的记载:"养衰老,授几杖。"

·字的由来

"杏"上边的"木"表示字的意思与树木有关,下边的"口"按造字原理应该表示"杏"的读音与它接近。但是,"口"与"杏"的读音实在是相差太远。因此,在古代,关于"杏"字下边的"口"存在着两种解释意见:一种意见认为它是"可"的省略;另一种意见则认为它是"向"的省略。也就是说,古人认为"可"或者"向"在古代与"杏"的读音应当接近。

"杏"指的是一种落叶乔木,也指这种树木的果实,如"杏花、杏仁、杏眼圆睁"等。

字里字外

跟"杏"相关,有两种很有意思的说法:"杏坛"和"杏林"。

"杏坛"据传是孔子给徒弟讲学的地方,所以后来就表示儒学以及一切讲学的场所,现在也常常被人们用来表示教学园地以及教育界,比如我们可以把从事教育工作多年且业绩十分突出的老教师称作"杏坛泰斗"。

"杏林"则和三国时期名医董奉有关。据说董奉医术精湛、医德高尚,他给穷人治病从来不取分文,只要求他们病好之后在他住的山谷里种上杏树。这样一来,经年累月,被他治愈的患者不计其数,于是,在他住的山谷里,也长出了一片杏树林。后来,人们便使用"杏林"来指代医学界,并以"杏林春满、杏林春暖、誉满杏林"等来称颂医术高明、医德高尚的医生。

| 二 | shā·shān |

字的由来

"杉"左边的"木"表示字的意思与树木有关,右边的"彡"(shān)表示"杉"的读音与它接近。但是据古人考证,"杉"是民间出现的一种通俗字形,最初应当写成"櫏",这个字右边的"毚"读作shān,而且除了表示"櫏"的读音与它接近之外,它本身在古代也曾经表示"杉树"。

"杉"指的是一种常绿乔木,树干高且直,可以用作建筑材料,也可以用来制作器物。杜甫的七言诗《咏怀古迹五首》里有一句"古庙杉松巢水鹤",描写的是水鹤在古庙的杉树和松树上筑巢。

字的演变

"杉"也读作shā,意思同读shān的时候一样,一般用于"杉木、杉篙"等。

| 二 | jí |

字的由来

"极"有两个来源:第一个来源是这种字形本身;第二个来源是以前右边写成"亟"(jí)的字形。

第一个来源的"极",左边的"木"表示字的意思与木头有关,右边的"及"表示"极"的读音与它接近。它指的是一种放置在驴背上用来承载重物的驮架。但是,这种意思的"极"在古代也很少使用。

第二个来源的"极",左边的"木"表示字的意思与木头有关,右边的"亟"表示字的读音与它接近。它指的是房屋的正梁,也就是栋梁,例如《后汉书·蔡茂传》:"梦坐大殿,极上有三穗禾。"句子的大意是梦见大殿的正梁上有一株结了三个穗的农作物。汉字简化的时候,这个来源的"极"采用了第一个来源的"极"那种比较简单的字形。

字的演变

由于正梁都位于房屋的顶端、最高处,因此,"极"后来就产生了与此相关的以下几种意思。

第一,"顶点或尽头",如"登峰造极"。

第二,"地球的南北两端""磁体的两端""电源或电器上电流进入或者流出的一端",比如"极地、极光、南极、阳极、正负极"。

第三,"尽、达到顶点",例如"极目四望、物极必反"。

第四,"最终的、最高的",比如"极端、极限、极度、极致"。

第五,表示达到最高程度,如"极好、极高、极热情、极有兴趣"。

字的由来

"李"上边的"木"表示字的意思与树木有关,下边的"子"表示字的读音与它接近。但是,也有意见认为,"子"对于植物来说,具有"果实、籽实"等含义,所以它也表示"李"的意思与树木的果实有关。

"李"最初指的是一种落叶小乔木,也指它的果实,又称"李子",如"桃李芬芳、投桃报李"。

字里字外

"李"因为与"理"读音相同,这两个字之间还有一些历史渊源。

第一,"行李"以前写成"行理",最初的意思是派遣人出使以及奉命出使的人。后来,由"出使、使者"这样的含义,"行李"逐渐又产生了旅行、行程、旅行者以及出行所带的东西等含义。现在,"行李"则基本上只保留了"出行所携带的包裹、箱子等"这种意思。

第二,作为一个姓氏,据说"李"姓的一个来源也是"理",而且最初这个"理"姓是来自"理官"这种职业,也就是管理诉讼、刑狱等事务的人员。后来,一位在商纣王时期做"理官"的名叫理征的人,由于直言进谏,结果得罪了昏庸的商纣王,所以被灭"九族"。幸亏当时有忠良之士冒险悄悄放走了他的妻子和儿子,母子俩为了避难,而且据说也是为了感念逃难路上用来充饥活命的"李子",母亲就把儿子的姓氏改成了"李"。

一 | yáng

· 字的由来

"杨"左边的"木"表示字的意思与树木有关,右边以前写成"昜"(yáng),后来简化成"㐰",表示字的读音与它接近。

"杨"最初指的是杨柳科杨属植物,现在则表示"杨树",属于一种落叶乔木,种类很多,有银白杨、毛白杨、小叶杨等。

五　wǎng

·字的由来

"枉"左边的"木"表示字的意思与树木或者木头有关,右边以前写成"㞷",汉代的时候演变成"王","㞷"和"王"都表示"枉"的读音与它们接近。而至于"㞷"的读音,则存在着 wàng、huáng、kuáng 等几种意见。

"枉"最初的意思是弯曲,比如"矫枉过正"等。不过,也有意见认为"枉"最初应当是指弯曲的木头,随之又表示弯曲。

另外,根据考证,表示"弯曲"这种意思的以前还有一个"尢"字,也就是现在"尴"等字里面的偏旁,它在金文里写成 ,像是人腿弯曲的样子,所以最初被解释成"曲胫、跛",读音是 wāng。"曲胫"显然同弯曲有关。因此,"枉"和"尢"不仅读音相近,看起来意思上也有相似之处。

·字的演变

由于歪曲事实与"弯曲"在意思上也有关联,所以后来就有了"冤枉好人"这种说法。因为"冤枉"就包含了歪曲事实这类含义,于是,"枉"后来也产生了"冤屈"的意思。

与此同时,"枉"也可以表示"使弯曲",比如"贪赃枉法"。此外,它还可以表示"错误、偏差"等,如"昭冤申枉"。

走弯路、犯错误常常意味着徒劳,所以,"枉"后来也可以表示"徒然、白白地",例如"枉然、枉自、枉费心机"。

一 | lín

· 字的由来

"林"在甲骨文中写成 等，由两个"木"构成，意思很明确，指的是聚在一起连接成片的树木或竹子，如"山林、竹林、园林、白桦林、防风林"，又如唐代诗人杜牧的《山行》："停车坐爱枫林晚，霜叶红于二月花。"

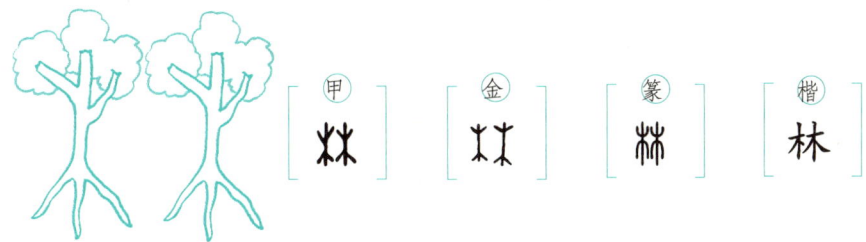

· 字的演变

"林"由表示树林，现在也可以表示林业，比如"农林牧副渔"。

由于树林意味着树木众多，于是，"林"后来也产生了"聚集在一起的同类的人或事物"这样的意思，例如"翰林、学林、艺林、碑林"。

字里字外

"林下"原本是林木之下的意思，但是，这种说法却由此产生了两种主要含义：一种是因为林木下面常常是幽静的地方，所以它就产生了"闲雅、超逸"的意思，因此，像"林下风气、林下风范"等，指的都是女子闲雅飘逸的风采；另一种则是由于幽静之处常常是隐士隐居的好去处，所以它也可以表示归隐的地方，如"林下人、林下士"指的都是隐士或出家之人。

| 二 | zhī |

🖺 · 字的由来

"枝"左边的"木"表示字的意思与树木有关,右边的"支"由于本身就有竹枝的含义,所以既表示"枝"的读音与它接近,同时也表示"枝"的意思与草木的枝条有关。

"枝"最初指的是树木的枝条,即古人解释的"木别生条也"。意思是从树干旁边生长出来的枝杈等,随之也指草木的枝茎等,例如"枝条、枝头、花枝、柳枝、树枝",又如杜甫《江畔独步寻花》其六:"千朵万朵压枝低。"

🖺 · 字的演变

由于具有枝条的意思,于是,"枝"后来也可以表示带枝的花朵的数量,例如"一枝玫瑰、五枝百合",又如苏东坡《惠崇春江晚景二首》:"竹外桃花三两枝,春江水暖鸭先知。"

另外,以这种意思为基础,"枝"后来也可以表示杆状物的数量,而且在这一点上"枝"与"支"可以通用,如"一支钢笔、一支步枪"也可以写成"一枝钢笔、一枝步枪",但是,在一般情况下,表达这种意思还是以"支"为主。

| 二 | bēi |

🖺 · 字的由来

"杯"左边的"木"表示字的意思与木头有关,右边的"不"表示"杯"的读音与它接近。但是在古代，也存在着把右边的"不"写成"否"的字形，"否"同样表示"杯"的读音与它接近。另外，还有上边是"不"，下边是"皿"的字形，这种字形主要是着眼于"杯"属于一种器皿。现在，则只有"杯"是唯一通用的规范字，其中的"木"反映了古代制作这类容器的材料最初应当是以木头为主。

"杯"最初指的是可以盛装食物的器皿，而且根据容量大小以及功能，它又可以细分为两种：一种容积大一些，也称"耳杯"，主要用来盛羹汤一类，如"分一杯羹"等；另一种则小一些，主要用来盛酒水等，例如《史记·项羽本纪》："沛公不胜杯杓（sháo）。"句子的大意是刘邦酒量有限，不胜酒力。

·字的演变

现在，"杯"主要用来表示第二种，即小一些的器皿，如"酒杯、茶杯、水杯、干杯、玻璃杯"。

此外，"杯"也可以表示"杯状的锦标"，比如"奖杯、金杯、捧杯、优胜者杯"。

| shū |

枢

·字的由来

"枢"左边的"木"表示字的意思与木头有关，右边的"区"表示"枢"的读音与它接近。

"枢"最初指的是门扇上的转轴。它的作用一是固定门扇，二是使门扇易于转动，比如"流水不腐，户枢不蠹（dù）"这种说法，意思是流动的水不容易变质，而经常转动的门扇，它上面的转轴不容易被虫蛀。

·字的演变

由于门扇上的转轴在开门和关门的时候，都会起非常关键的作用，于是，"枢"后来就产生了"重要的或中心的部分、起决定作用的关键部分"等含义，例如"枢纽、中枢"。

另外，在古代，"枢"也指北斗第一星，也称"天枢"，如《广雅·释天》："北斗七星，一为枢。"

| 五 | guì·jǔ

柜

·字的由来

"柜"有两个来源：一个是这种字形本身；另一个是以前右边写成"匱"的字形。

第一个来源的"柜"，左边的"木"表示字的意思与树木有关，右边的"巨"表示字的读音与它接近。这种来源的"柜"，读音是 jǔ，最初指的是一种落叶乔木，也称"柜柳"。而在古代，由于 jǔ 和 guǐ 这两种读音很相似，所以，后来也有把"柜柳"中的"柜"读成"guǐ"的，甚至还出现了"鬼柳树"这种写法。

第二个来源的"柜"，左边的"木"表示字的意思与木头有关，右边的"匱"表示字的读音与它接近，而且"匱"在古代还有 guì 这样一种读音，指的是小盒子，所以也表示"柜"的意思与小盒子有关。这个来源的"柜"读作 guì，意思是比较小的装东西的匣子一类器物，例如《韩非子·外储说左上》里"买椟还珠"的故事中有一句话："楚人有卖其珠于郑者，为木兰之柜。"说的是一位楚国人卖给一位郑国人宝珠的时候，盛装珠子用的是有香味的木兰木做的匣子。

或许正是由于第一种来源的"柜"后来产生了 guì 这样的读音，所以，汉字简化的时候，就把第二种来源的"柜"简化成了"柜"这样的字形。

·字的演变

由表示比较小的匣子，"柜"后来也可以表示大一些的家具类器具，它们主要用来收藏衣物或者书籍等，一般为方形或长方形，大都是木制或者铁制，如"书柜、衣柜、文件柜、铁皮柜、保险柜"。

另外，大概因为存在着"柜台"这样的说法，所以"柜"也可以表示旅店、酒店等负责银钱往来的"柜房"，还可以指商店，比如"钱已经交到柜上了"等。

三 méi

枚

·字的由来

"枚"在甲骨文中写成 等，在金文中写成 等，由"木"和"攴"（pū）构成，由于"攴"和"攵"在甲骨文、金文里字形相同，所以后来就写成"攵"了。"木"表示"枚"的意思与树木或木头有关，"攵"则由于原本表示手持棍棒一类东西，所以表示"枚"的意思与棍棒类事物有关。

"枚"最初指的是树干，随之也表示树枝。例如《诗经·周南·汝坟》中的"伐其条枚"，意思是砍伐它的枝条和树干。

甲	金	篆	楷
			枚

字的演变

除了表示"树干"和"树枝","枚"后来还可以表示木制的马鞭、小木棍等,例如《北史》中的"军士衔枚",说的是行军打仗的士兵为防止发出声音被敌方发现,人人嘴里都咬着一根像筷子一样的小木棍。

由表示小木棍,"枚"后来也可以表示形体较小的东西的数量,比如"一枚奖牌、几枚铜钱、不胜枚举"。

析 xī

字的由来

"析"在甲骨文中写成𣂪,由"木"和"斤"构成。"木"表示"析"的意思与树木或木头有关,"斤"则由于原本表示斧头一类用具,所以表示"析"的意思与斧头类用具有关。

"析"最初的意思是砍断树枝、劈开木头等,比如《诗经·齐风·南山》:"析薪如之何?匪斧不克。"诗句的大意是:砍柴需要怎么做呢?没有斧头肯定是不行的。

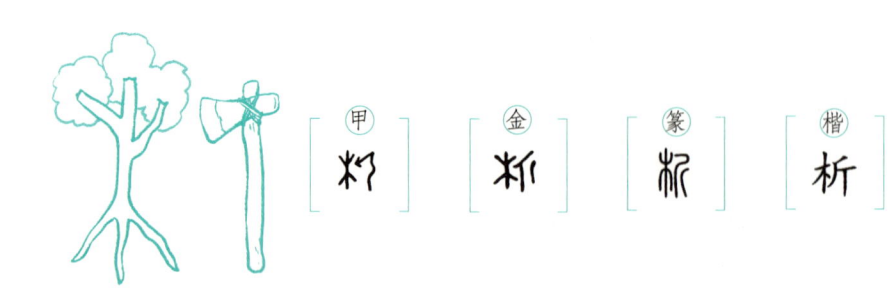

·字的演变

由表示劈开，"析"随后便产生了"分开、散开"等意思，例如"分崩离析"等。另外，古代有一些表示"分家"意思的说法也与"析"有关系，如"析居、析箸（zhù）"，字面意思是把住处分开，把原本放在一起的筷子分别拿走，也就是指分家。

因为只有把事物剖开了，里面才能看得更清楚，所以，"析"后来也可以表示分解辨析，也就是把一件事物、一种现象或一个概念等分成各个部分，然后找出这些部分的本质属性和彼此之间的关系，比如"辨析、解析、剖析、赏析"。

bǎn

·字的由来

"板"左边的"木"表示"板"的意思与木头有关，右边的"反"表示字的读音与它接近。

"板"最初指的是古代修筑土墙用的夹板，建墙时在夹板之间放土，然后用工具把土夯实，再一层一层逐渐加高。随之，"板"也指片状木头以及一切比较坚硬的片状物体，如"板凳、木板、铁板、玻璃板"。

·字的演变

由表示片状物，"板"后来也产生了下面几种含义。

第一，形状像板子的，比如"板材、板楼"。

第二，店铺的门板，例如"打烊的时候铺子一般都要上板"。

第三，黑板，如"板报、板书"。

第四，演奏民族音乐或戏曲的时候用来打拍子的乐器，以及音乐或戏曲中的节拍，例如"檀板""快板、慢板"。

由于板子一般都是硬的，于是，"板"后来也可以表示"硬得像板子似的"，如"板结、有块地已经板了"；还可以表示呆板，比如"他这个人比较板"。此外，"板"也可以表示"露出严肃或不高兴的表情"，例如"板着脸、板着一副面孔"。

在一些地区，由于夹板原本就可以被用来矫正或约束某些事物，所以"板"就在这些地区的地方话里表示"矫正、约束"等，尤其是指矫正或约束某些不好的习惯，比如"这个男孩吃手指头的毛病还是要板一板"。

至于现在把"私营工商业的财产所有者、掌柜的"以及旧时把"著名戏曲演员或组织戏班子的戏曲演员"等称作"老板"，其中的"板"，其实原本写成外面是"门"的繁体字、里面是"品"的字形，后来由于这个字的读音与"板"接近，所以汉字简化的时候就规定用"板"了。

松 = sōng

字的由来

"松"有两个来源：第一个来源是这种字形本身；第二个来源是以前上边写成"髟"（biāo），下边写成"松"的字形。

第一个来源的"松"，左边的"木"表示"松"的意思与树木有关，右边的"公"表示字的读音与它接近。但是，也有意见认为，因为"公"包含着年长者、领导者等意思，所以，它也表示"松"与首领这样的含义有关。这种来源的"松"指的就是四季常青的松树，古人认为它是"百木之长"，也就是说"松树"具有统领一切树木的特征与寓意。

第二个来源的"松"，上边的"髟"由于本身具有毛发下垂的含义，所以表示字的意思与毛发有关，下边的"松"则表示字的读音与它接近。这个来源的"松"最初的意思是毛发蓬乱，如唐代诗人陆龟蒙的《自怜赋》中的"首蓬松以半散"。

字的演变

由于头发蓬乱包含着"散开、分散、不紧"这样的意思，因此，"松"后来就产生了与此相关的以下几种意思。

第一，松散，比如"辫子编得有点松"。

第二，解开、放开，或者使松开、使松弛，例如"松绑、把手松开""松了一口气、松一松腰带"。

第三，经济比较宽裕，如"月初的时候手头还算松一些"。

第四，不坚实，例如"松脆、松软、蓬松"。

另外，把肉类等切细切碎，也可以看作是把它们分散开，所以，"松"也可以表示"用鱼、虾、瘦肉等做成的碎末状食品"，如"肉松"。

字里字外

在我国传统文化中，"松、竹、梅"并称"岁寒三友"，它们是不畏严寒的标志。陈毅元帅就曾经创作过一首著名的五言绝句《青松》："大雪压青松，青松挺且直。要知松高洁，待到雪化时。"

二 | qiāng

⋅字的由来

"枪"左边的"木"表示"枪"的意思与木头有关，右边的"仓"表示"枪"的读音与它接近。

"枪"最初指的是一种长柄、有金属尖头的刺击武器，如"标枪、红缨枪、刀枪剑戟"。

⋅字的演变

后来，"枪"也表示口径在2厘米之内，能够发射枪弹的武器，比如"手枪、步枪、气枪、机关枪、冲锋枪"。

"枪"也可以表示形状或者性能像枪的器械，例如"焊枪、电子枪"。

二 | fēng

⋅字的由来

"枫"左边的"木"表示字的意思与树木有关，右边的"风"表示字的读音与它接近。

"枫"指的是一种落叶乔木，其显著特征是树叶在秋天的时候变成红色，如"枫叶、红枫"，枫树也称"枫香树"。

字里字外

唐代诗人张继的名篇《枫桥夜泊》脍炙人口，全诗为："月落乌啼霜满天，江枫渔火对愁眠。姑苏城外寒山寺，夜半钟声到客船。"诗中提到的枫桥，在今天的江苏省苏州市。寒山寺则是始建于唐代的一处寺院，现在已经成为中外闻名的旅游胜地。

四 gòu

·字的由来

"构"左边的"木"表示字的意思与木头有关；右边的"勾"原本写成"冓"（gòu），它和"勾"一样，一方面表示字的读音与它接近，另一方面，由于它本身在甲骨文里写成 等，到金文又演变成 等，像是树枝、木棍等交叉堆积的样子，所以也表示"构"的意思与木头等交叉堆积有关。由于"冓"相对比较复杂，所以在古时候，民间就出现了现在这种比较简单的"构"，后来汉字简化时就采用了这种字形。

"构"最初的意思是把木头架在一起或者搭在一起，例如《淮南子·泛[1]论训》："筑土构木，以为宫室。"

·字的演变

随之，"构"就产生了修建、建造等意思，比如张衡《东京赋》中的"乃构阿房"，"阿房"指的是阿房宫。

再往后来，"构"又可以表示一般意义上的"构造、组合"，以及抽象意义上的"结成"等，如"构图、构架、构建、结构、架构、机构""构思、虚构"。

"构"也表示一种落叶乔木，即"构树"，也称"楮"（chǔ）或"榖"（gǔ）。这种树的树皮是制作宣纸的原料。

---

[1] 原本用的是"氾"。

五 háng

字的由来

"杭"左边的"木"表示"杭"的意思与树木或木头有关,右边的"亢"表示"杭"的读音与它接近。

一般认为"杭"最初的意思与"航"相通,例如《诗经·卫风·河广》:"谁谓河广,一苇杭之。"诗句的大意是,谁说河面很宽哪?用一条芦苇做的小船就可以划到对岸去。

从字形上看,由于古代最初是把比较粗的树干挖出槽或者穴来造小船,即所谓的"刳(kū)木为舟",其中"刳"指的就是用刀一类器具刻削,于是,与渡河有关的"杭"就包含了"木"。

另外,许慎在《说文解字》中解释"杭"的时候,认为它和"抗"的意思相同。但是,古今许多学者并不认可这种意见。

字的演变

"杭"现在主要用于地名,例如浙江省的省会城市杭州。据说"杭州"这个地名的由来也同"航"有关,因为根据民间传说,这是秦始皇嬴政曾经渡河的地方,所以当时就被称作"余杭"了。

四 jié

字的由来

"杰"原本写成左边"亻",右边"桀"(jié),"亻"表示"杰"的意思与人有关,"桀"表示"杰"的读音与它接近。现在的"杰"是汉字简化的结果。

"杰"最初指的是才能出众的人，例如"俊杰、英雄豪杰"，又如李清照的《夏日绝句》："生当作人杰，死亦为鬼雄。"

比较有趣的是，古人最初认为，"杰"指的是在才能方面超过一万人的杰出人士。当然，后来也就表示才能出众的人了。

· 字的演变

"杰"也可以表示"卓异的、出色的、超出一般的"等，比如"杰出、杰作"。

五 | zhěn

· 字的由来

"枕"左边的"木"表示字的意思与木头有关，右边的"冘"（yín）表示字的读音与它接近。

"枕"最初指的是枕头，由于古代枕头最初是用木头制成，所以字里面就包含了"木"。

· 字的演变

由表示枕头，"枕"后来也产生了"躺着的时候把头放在枕头或其他东西上"这样的含义，例如"枕戈待旦"，字面意思是枕着兵器等待天亮，形容时刻警惕，准备作战。

由于枕头具有支撑头部的作用，所以支撑铁轨的方木等就被称作"枕木"了。

四 | biāo

标

字的由来

"标"左边的"木"表示字的意思与树木有关,右边原本写成"票",表示字的读音与它接近。后来,汉字简化的时候只保留了"票"下边的"示",于是形成了现在我们使用的"标"。

"标"最初指的是树梢,例如晋代文学家卢谌《赠刘琨》:"绵绵女萝,施于松标。"诗句的大意是柔软绵长的女萝,缠绕着松树的枝干生长,一直蔓延到松树的枝头。句中"施"在古代有一种读音是 yì,意思是蔓延。

字的演变

由表示树梢,"标"后来就产生了和原本表示树根的"本"相对的"事物的枝节或表面"这样的意思,例如"标本兼治"的基本意思是事物的根本和外在形式一并治理。

树梢由于是树枝的末端,所以比较容易被看见,因此,"标"就产生了"标志、记号"等意思,比如"标点、商标"。而在事物上做出标记,往往意味着表达某种含义或者表明某种标准,于是,"标"后来也可以表示"用文字或其他事物表明"以及"标准、指标"等,例如"明码标价、标上易碎符号""超标、达标"。

由表示"标准"这样的意思,"标"现在也可以指"发包方或承包方以及卖方或买方所标出的条件、标准和价格等",如"竞标、投标、招标"。

由树梢所包含的顶端以及标志等含义,"标"还可以表示"给竞赛优胜者的奖品",例如"锦标、夺标"。

"标"在清朝末年,还可以表示陆军的一种建制单位,大体相当于现在的"团";后来也可以表示队伍的数量,如"一标人马"。

五 | zhàn

栈

·字的由来

"栈"左边的"木"表示字的意思与木头有关，右边的"戋"（jiān）表示字的读音与它接近。

"栈"最初指的是马棚里面防潮的木制栅板，一般放置在马的脚下，俗称"马床"。与此同时，它也指圈养牲畜的棚或者栅栏。

·字的演变

后来，"栈"又产生了"用竹木等制成的车"这种含义，即所谓的"栈车"。这种车一般比较简陋，基本上属于读书人所乘坐的车。《韩非子·外储说左下》里面有这样的记载："孙叔敖相楚，栈车牝（pìn）马……则良大夫也。"句子说的是春秋战国时期楚国的孙叔敖，他虽然做了楚国官阶最高的行政长官，但是他却乘坐极其普通的车马，因此，称赞他是比较贤良的官员。

"栈"也可以指用木头或者其他材料铺设的栈道，例如李白《蜀道难》："地崩山摧壮士死，然后天梯石栈相钩连。"

另外，"栈"还可以表示储存货物的仓房和供人住宿的客房，比如"栈房、货栈、客栈"。

字里字外

"栈"的右边是"戋"，要和"戈"区别开，不要少写一画。

含有"戋"的字有：线、钱、浅、残、贱、盏、栈、践、笺、饯等。

含有"戈"的字有：找、划、战、戏、伐等。

柑 gān

字的由来

"柑"左边的"木"表示字的意思与树木有关,右边的"甘"表示字的读音与它接近。不过也有意见认为,一方面"甘"字本身具有"甜"的意思,另一方面,在"柑"字出现之前,"甘"原本就在当"柑"用,因此,"甘"也表示"柑"的意思与它有关。

"柑"指的是一种常绿小乔木或者灌木,种类很多,同时它也表示这种树木的果实,果实比橘子略大,果皮、树叶和种子都可以入药,如"柑橘、柑子、蜜柑、广柑、芦柑"。

枯 kū

字的由来

"枯"左边的"木"表示字的意思与树木有关,右边的"古"表示字的读音与它接近。

"枯"最初的意思是草木失去水分,比如"枯萎、枯黄、枯槁",又如元代戏曲家马致远的《天净沙·秋思》:"枯藤老树昏鸦,小桥流水人家,古道西风瘦马。夕阳西下,断肠人在天涯。"

字的演变

后来,"枯"也可以表示河流、水井等变得没水,如"枯井、枯竭、干枯、海枯石烂"。

再往后,"枯"还可以表示肌肉干瘪,如"枯瘦"等;而且由于植物失去水分就相当于失去活力以及生命力减弱，所以，"枯"也可以表示没有生趣和枯燥，例如"枯寂、枯坐、搜索枯肠"。

四 bǐng

柄

·字的由来

"柄"左边的"木"表示字的意思与木头等有关，右边的"丙"表示字的读音与它接近。据考证，甲骨文里也有上边"木"下边"丙"的字形。

"柄"最初指的是斧头的把儿，随之也指一切器物的把儿，例如"刀柄、锅柄、剑柄"。

·字的演变

"柄"也指植物的花、叶、果实跟茎或枝连着的部分，如"花柄、叶柄"。

由于柄是可以抓着的，所以，"柄"后来就产生了"执掌"以及"权力"等意思，比如"柄政""权柄"等。此外，它也可以比喻"在言行上被人抓住的材料"等，如"话柄、笑柄"。

"柄"在一些地区还可以表示带把儿的东西的数量，如"一柄锄头"。

字里字外

据考证，在古代的时候，"秉"最初也可以表示柄的意思，而且后来还创造过一个"棅"，意思与"柄"完全相同，但是它们早已不再表示这样的意思了，而且现在"棅"也完全不再使用了。

栋 dòng

字的由来

"栋"左边的"木"表示字的意思与木头等有关，右边的"东"表示字的读音与它接近。

"栋"最初指的是房屋的正梁，例如《周易·系辞下》："上古穴居而野处，后世圣人易之以宫室，上栋下宇，以待风雨。"这几句话的大意是在遥远的古代，人们在野外寻找合适的洞穴用来居住，后来一些有智慧和才能的人才发明了建筑房屋的技艺。这样的建筑一般都四面筑墙，上面有栋梁支撑的屋顶，栋梁下面则是支撑它的横木。于是，如此稳固的建筑就可以防备风雨的侵袭了。

字的演变

由于一座完整的建筑都一定会有支撑屋顶的一根正梁，所以，"栋"后来也可以表示建筑物的数量，比如"一栋房子、三栋别墅"。

字里字外

"栋梁"除了表示建筑物的大梁，同时由于它是支撑整栋建筑物的关键与核心，所以，它也可以用来比喻"担负国家重任的人"，例如唐代诗人杜牧的《郡斋独酌（黄州作）》："谁人为栋梁？"我们每一位中华儿女，都应该成为建设国家的栋梁之材。

一 xiāng·xiàng

·字的由来

"相"在甲骨文中写成 ⿰木目，在金文中写成 ⿰木目 等，都是由表示树木的"木"和表示眼睛的"目"构成，而且这样的字形从古至今一脉相承。

"相"左边的"木"表示字的意思与树木有关，右边的"目"表示字的意思与眼睛有关。因为树木每时每刻都在生长变化，所以古人认为"木"能很好地体现细致观察的意思，因此，"相"最初的意思是仔细观察、观看等，读音是第四声 xiàng，如"相面、伯乐相马"。

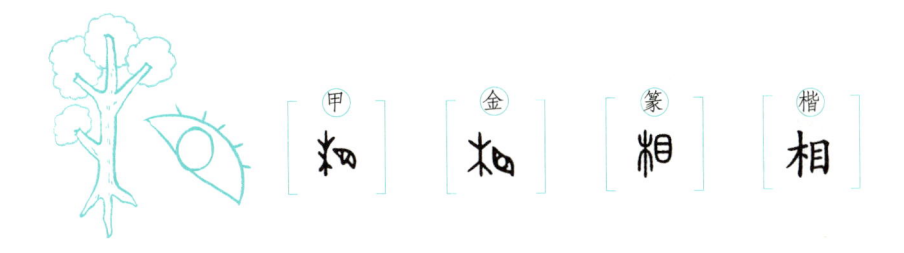

甲	金	篆	楷
⿰木目	⿰木目	相	相

·字的演变

因为仔细观察通常都会看到事物的外观、样貌、姿态等，所以，"相"后来就产生了"外貌、相貌""物体的外观""坐、立等的姿态"等意思，比如"长相、可怜相""月相""站有站相，坐有坐相"。

古人认为，用眼睛观察树木，意味着眼睛与树木之间形成了互相交接的关系，而相互交接的事物，首先涉及彼此双方；其次，双方之间也隐含了互相扶持的意思。因此，"相"后来一方面产生了"互相"的含义，而且也产生了第一声 xiāng 这样的读音；另一方面也产生了"辅助"这样的意思。

"相"表示"辅助"的意思，常常用于"相夫教子、吉人天相"；而且以此为基础，它后来也可以指一些起辅助作用的人或官员，比如"傧相""宰相、丞相",以及现在一些国家相当于中央政府部门负责人的职务,例如有些国家相当于外交部长的"外相",这些情况都读第四声。

"相"读第一声的时候,最初表示互相,如"相识、相遇、相见恨晚、不相上下",又如李白的《望天门山》:"两岸青山相对出,孤帆一片日边来。"

后来,"相"也可以表示一方对另一方的动作,如"实不相瞒、以礼相待"。此外,还可以表示亲自观看,比如"相亲、相中了一款手机"。

查 chá · zhā

字的由来

"查"上边的"木"表示字的意思与树木或木头等有关,下边的"旦"据古代一些学者考证,原本写成"且",它表示"查"在古代的读音与它接近,后来演变成了"旦"。

然而,"查"却很像一个被赋予了候补功能的字,它在古代可以替代若干个与树木或者木头有关的汉字。

第一,它可以替代表示木栅栏的"柤"(zhā);第二,由于"柤"与表示山楂树的"楂"相通,所以,"查"也可以和"楂"相通;第三,因为"楂"又有 chá 这种读音,最初指的是木筏子、小船,所以"查"也可以表示同样的意思;第四,由于原本表示斜着砍树或者斜着砍木头的"槎"(chá)与"楂"都能表示木筏子,所以,"查"又与"槎"产生了互通关系。

因此,"查"在古代的意思就很丰富,读音也有 zhā 和 chá 两种。

字的演变

后来,"查"一方面主要被借去表示"考察"这类意思,另一方面,它读 zhā 的时候,现在主要被用来表示姓氏,而它原本与"楂"相通、表示山楂的意思,现在也已经由"楂"来承担了。

"查"表示考察这类意思还存在着一些细微差别。首先,它可以表示检查,如"查看、查房、盘查、查卫生、查错别字"。其次,它也可以表示调查,比如"查访、查找拾金不昧的好人"。再者,"查"还可以表示仔细翻看,例如"查字典、查资料"。

柏 bǎi · bó · bò

字的由来

"柏"左边的"木"表示字的意思与树木有关,右边的"白"表示字的读音与它接近。据考证,甲骨文里曾经有上边"白"下边"木"以及"白"在"林"中间等几种字形。

"柏"最初指的是一种常绿乔木,种类很多,有圆柏、侧柏、扁柏、罗汉柏等。例如陶渊明《乙巳岁三月为建威参军使都经钱溪》:"终怀在归舟,谅哉宜霜柏。"大意是作者最终的人生夙愿依然是归隐田园,这种信念就像不畏霜雪的柏树一样坚定。

字的演变

由于"柏"在古代也有 bó 这样的读音,所以它现在还用于德国首都"柏林"等。另外,现在它还用于一种落叶乔木"黄柏",读音是 bò。"黄柏"也称"黄檗(bò)、黄波椤(luó)"。

三 shān·zhà

栅

·字的由来

"栅"左边的"木"表示字的意思与树木或木头等有关,右边的"册"由于在甲骨文里是简册形状,原本就有把竹片等连接在一起的意思,所以既表示"栅"的意思与把条状物连在一起有关,同时也表示"栅"在古代的读音与它接近。

"栅"最初指的是用树枝、竹条等编制的阻拦物,读音是 zhà。而且据考证,它在甲骨文里有 这样的字形,形状近似"册"在甲骨文里的字形 。因此,也有意见认为"栅"是在"册"的基础上又创造出来的一个字,原本应当就是"册"。

唐代诗人李贺创作的七言诗《南园》,里面有两句:"熟杏暖香梨叶老,草梢竹栅锁池痕。"诗句描写的是园子里弥漫着杏子成熟的味道,梨树的叶片也已经是一片浓绿,而被草丛和竹篱环绕着的池塘,则是处处泛着波纹。

·字的演变

"栅"这个字也读 shān,主要用于"栅极",意思是多极电子管中最靠近阴极的一个电极,具有细丝网或者螺旋线的形状。

柳 liǔ

字的由来

"柳"左边的"木"表示字的意思与树木有关,右边是"卯",但是也有意见认为应当是与"卯"字形接近的"丣"(yǒu),当然,无论是哪个,它们都表示"柳"在古代的读音与它们接近。

"柳"最初指的就是一种落叶乔木"柳树"。唐代诗人贺知章那首《咏柳》早已脍炙人口,其中的"碧玉妆成一树高,万条垂下绿丝绦"也是描写柳树的佳句。

[甲] [金] [篆] [楷]

字里字外

柳树在人们的印象中一般都是枝条柔软,而这种特征也正是古人认为的"柳"这种名称的一个由来。李时珍在《本草纲目》中就曾经写道:"杨枝硬而扬起,故谓之杨。柳枝弱而垂流,故谓之柳。"由于杨树的树枝硬挺而向上生长,所以含有"扬"的意思,因此就被称作"杨"了;柳树由于枝条柔软下垂和飘荡,因此才有了和具有移动不定意思的"流"读音相近的名称。

也有意见认为"柳"的名称和它的生长特性有关,例如贾思勰《齐民要术》中,有关于种柳树的记载,大意是:正月到二月间,截取臂膀粗细的弱柳枝条,长大约一尺半，把下头二三寸长的一段用火烧过，全部埋入土中。经常把水浇足，就会有好几根枝条同时生长出来，把其中健壮的一根留下，其余的全部掐掉。按照这种说法，"柳"似乎又与"留"有关。

在我国传统文化中，有"折柳送行"的风俗，因为亲友暂别，送行的一方总是盼望能够挽留挥别的一方，折柳相送意在请对方"留下"。比如唐代诗人李商隐的《离亭赋得折杨柳二首》："为报行人休尽折，半留相送半迎归。"唐朝的时候，居住在都城长安的人常常在长安东边的灞（bà）桥为亲友送别，留下了"灞桥折柳"的典故。

一 zhù 柱

·字的由来

"柱"左边的"木"表示字的意思与木头等有关，右边的"主"表示字的读音与它接近。

"柱"最初指的是支撑屋顶的木料，例如《汉书·盖诸葛刘郑孙毋将何传》："腐木不可以为柱。"

·字的演变

后来，"柱"也指用石材、金属以及钢筋混凝土等制成的支撑建筑物的构件，如"石柱、梁柱、圆柱"。

"柱"也可以表示形状像柱子的东西，如"脊柱、水柱"。

二 | shì

柿

▣·字的由来

"柿"左边的"木"表示字的意思与树木有关,右边的"市"表示字的读音与它接近。不过,"柿"的右边原本写成"朿"(zǐ),也表示"柿"的读音与它接近,后来字形演变成了"市"。

"柿"最初指的是一种落叶乔木"柿树"。这种树木及其果实也叫"柿子",如"柿饼、冻柿子"。

三 | lán

栏

▣·字的由来

"栏"左边的"木"表示字的意思与树木或木头有关,右边的"兰"原本写成"阑"的繁体字形,表示字的读音与它接近。汉字简化的时候,简化成现在我们使用的"兰",右边的"兰"同样表示"栏"的读音与它接近。

不过,在古代,由"木"和"阑"的繁体字形构成的字有两种读音:当它读liàn的时候,指的是后来写成"楝"的一种落叶乔木;而当它读lán的时候,则有"栏杆"和"养牲畜的栅栏"两种意思。就后一种一直沿用到现在的读音与意思看,由于"阑"原本就指门口的栅栏,所以,它在"栏"的古字形里,除了表示字的读音与它接近之外,应当也表示字的意思与栅栏有关。

《墨子·非攻》里有一句:"至入人栏厩,取人马牛者,其不仁义。"句中的"栏"指的就是养牲畜的栅栏。而辛弃疾的《摸鱼儿》写道:"休去倚危栏,斜阳正在,烟柳断肠处。"句中的"危栏"指的则是位于高处的栏杆了。

·字的演变

由于栅栏的形状以及它所具有的阻拦作用,后来,"栏"就产生了一些与此相关的含义:

第一,赛跑中供跨越的一种体育器械,起障碍作用,如我国运动员刘翔是奥运会竞赛项目"男子110米跨栏跑"的著名选手,曾经创造过世界纪录。

第二,报刊、书籍在每版或每页上用线条或空白隔开的部分,有时也指性质相同的一整页或若干页,比如"专栏、广告栏、标题栏"。

第三,表格中区分项目的较大的格子,如"姓名栏、数据栏、备注栏"。

第四,专门供张贴报纸、布告等的装置,例如"布告栏、宣传栏"。

柠

níng

·字的由来

"柠"有两个来源:一个是这种字形本身;另一个是以前右边写成"宁"的一种繁体字形的字。

第一个来源的"柠",左边的"木"表示字的意思与树木有关,右边的"宁"表示字的读音与它接近。但是,其实这里的"宁"最初的读音和意思都相当于"贮",所以,这个来源的"柠"其实最初指的是一种落叶乔木"楮"(chǔ),"贮"和"楮"的读音显然接近,而且这种树的名称原本就叫"楮",而"柠"则是这种树的又一种写法。

第二个来源的"柠",左边的"木"表示字的意思与树木或木头有关,右边"宁"的繁体字形表示字的读音与它接近。这个字在古代有两种意思:一种意思是一种树木,这种树的皮可以用来泡酒治疗外感风邪而引起的各种病症,例如伤风感冒等;另一种意思则是在古代江苏一带的地方话里指"榫(sǔn)卯结构"中的"榫头"。

字的演变

现在,"柠"只用于"柠檬",这是一种常绿小乔木,果实味道极酸,常被用来制作饮料或在烹饪时用来去除水产品和一些肉类的腥膻味道。

树 shù

字的由来

"树"在甲骨文里里写成 ,是一只手和一棵树的形状。后来又增加了"豆" ,表示"树"的读音与它接近,写成 。后来到金文以及小篆,"木"和"豆"合成了"壴"(zhù),手的形状则变成了"寸"。

"树"左边的"木"表示字的意思与树木有关;右边以前写作"尌",它有 shù 和 zhù 两种读音,基本意思是用手把鼓扶正,使其直立于地面,它既表示"树"的读音与它接近,也表示"树"的意思与"竖直、直立"等有关。后来到了汉字简化的时候,为了字形简单,把其中的"壴"(zhù)改成了"又",这就形成了现在我们使用的"树"。其实根据甲骨文字形,"树"最初就是通过手和树的形状表示种树等。

"树"最初的意思是种树、种植,例如《孟子·梁惠王上》:"五亩之

049

宅，树之以桑，五十者可以衣（yì）帛矣。"句子的大致意思是如果家家户户都能在大约五亩大小的庭院里栽种桑树并以桑养蚕，然后缫（sāo）丝织布，那么，五十岁以上的长者就可以穿上用丝绸做的衣服了。

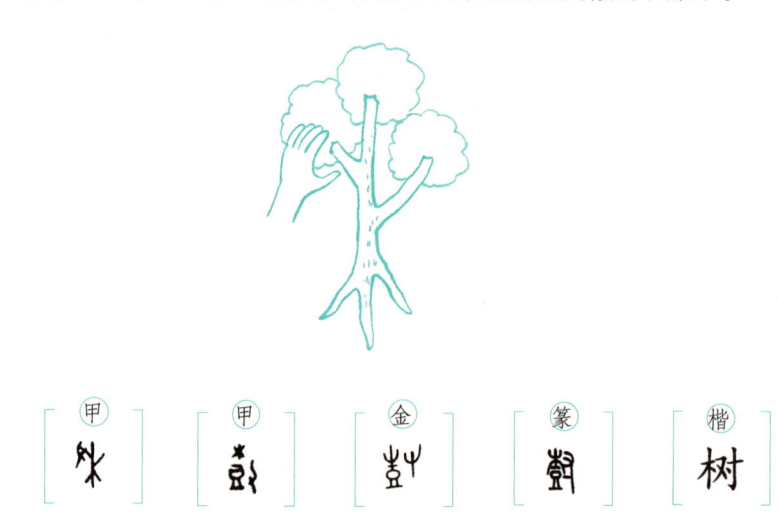

[甲] [甲] [金] [篆] [楷]

·字的演变

由表示种植，"树"后来就产生了与此相关的以下若干意义。

第一，指一切木本植物，也就是树木，如"树林、树叶、柳树、杨树、桃树、火树银花"，又如唐代诗人贾岛《题李凝幽居》："鸟宿池边树，僧敲月下门。"据说这首诗还催生了"推敲"这种说法。

第二，表示栽培、培育等，比如"百年树人、立德树人"。

第三，表示建立、树立等，如"树碑立传、独树一帜"，又如白居易《养竹记》："竹似贤，何哉？竹本固，固以树德；君子见其本，则思善建不拔者。"这几句话的大意是竹子之所以像君子，是因为它的根基牢固，而根基牢固则有助于立德，所以君子见到竹子，就会想到树立稳固而不易动摇的好品德。

| qī |

🔲 · 字的由来

"柒"由"氵""七"和"木"三部分构成,"氵"表示字的意思与水或液体有关,"七"表示字的读音与它接近,"木"表示字的意思与树木有关。

关于"柒"最初的意思大致有两种意见:一种意见认为它是一种落叶乔木"漆树"的"漆"在民间通行的字形,这种树富含油脂,即"生漆";另一种意见认为它最初是一条河流的名称。

🔲 · 字的演变

但是,"柒"最初的两种意思都没有流传下来。后来,"柒"则被借去表示数字"七"的大写形式,主要用于财务会计事务,如支票、收入或支出凭证等。

| 三 | rǎn |

🔲 · 字的由来

"染"这个字的结构有两种分析意见:一种意见认为由"氵"和"杂"构成;另一种意见则认为由"氵""九"和"木"三部分构成。前一种意见认为"氵"表示字的意思与水有关,"杂"则表示"染"在古代的读音与它接近。后一种意见则认为"氵"表示字的意思与水有关,"九"表示字的意思与次数有关,"木"则表示字的意思与植物有关。但是,对于"染"最初的意思,两种意见则完全一致。

"染"最初的意思是给丝织物染色，因为古代的染色工艺主要通过提取植物颜料，然后把颜料和丝织物一起放到水里煮的方式进行，而且染不同的颜色也是通过煮的次数不同来实现。很显然，上面对"染"的后一种分析意见正是基于古代这种染色工艺。

字的演变

后来，由表示给丝织物染色，"染"也产生了"给一切事物着（zhuó）色"的意思，例如"染发、染指甲"等。毛泽东在《沁园春·长沙》这首词中，曾经盛赞湘江两岸和橘子洲头的景色："看万山红遍，层林尽染。"

由于染色隐含着接触、附着等含义，于是，"染"后来也可以表示"感染、沾染"等意思，比如"染病、传染、污染"，又如宋代文人周敦颐的《爱莲说》："予独爱莲之出淤泥而不染。"

字里字外

"染指"这种说法来源于《左传·宣公四年》记载的一个典故。春秋战国时期，郑国的君主郑灵公有一次用别人送给他的甲鱼招待几位大臣，却故意不给在场的一位名叫子公的贵族吃，结果子公就伸出食指从盛着甲鱼的鼎里蘸了一下，然后吮指尝了尝味道，于是就形成了"染指"这种说法。后来人们就用这种说法表示获取原本不属于自己的利益，同时也表示插手或参与分外的某种事情。

另外，还需要注意"染"上部的右边是"九"，不要多写一点，错写成"丸"。

架　jià

字的由来

"架"上边的"加"表示字的读音与它接近，下边的"木"表示字的意思与木头等有关。但是，也有意见认为"加"由于具有叠加、重叠、增加等意思，所以也表示"架"与这些意思有关。

"架"根据古人考证有多重意思：一是表示把东西支撑起来的架子；二是表示房屋等建筑物的框架；三是表示衣架或棚等。而且据考证，它与"加、枷、驾、杙（yì）"等字源头相通、意思相通，其中"杙"指的是小木桩。

字的演变

"架"现在的基本意思有以下几种。

第一，由若干材料纵横交叉构成的物体，大都用来放置器物、支撑物体或者安装工具等，如"衣架、书架、支架、担架、三脚架、葡萄架"。

第二，支撑、支起等，比如"架桥、架电线、叠床架屋"。

第三，搀扶等，例如"架着伤员走到路旁"。

第四，招架或绑架等，如"用棍子架住了匪徒的大刀""土匪架走了村里好几个人"。

第五，殴打或者争吵的事情，比如"吵架、劝架、打架"。

第六，表示有支柱的或者有机械的东西的数量，如"一架相机、两架飞机、几架钢琴"。

二 zāi

字的由来

"栽"左下角的"木"表示字的意思与树木或木头有关，其余部分"𢦏"（zāi）表示字的读音与它接近。

"栽"最初指的是修筑土墙使用的长板，随之也表示把木板竖起来修筑土墙等，读音是第四声 zài。不过，"栽"的这种读音和这些意思现在都已经停止使用了。

字的演变

以"竖起木板"的含义为基础，"栽"后来就产生了"种植"的意思，读音也变成了第一声 zāi，比如"栽种、栽花、栽树"。

由于栽种意味着与土地接触，意味着与安置以及植物有关，所以，"栽"后来就产生了下面这些含义。

第一，插上或者硬给安上，如"栽绒""栽赃"。

第二，供移植的植物幼苗，比如"桃栽"。

第三，跌倒、摔倒等，例如"脚一滑栽了个跟头"。

第四，比喻失败或者出丑，如"认栽、栽了面子、几单生意都栽了"。

四 kuàng

字的由来

"框"这个字左边的"木"表示字的意思与木头等有关，右边的"匡"表示字的读音与它接近。

"框"最初有两种含义：一种是棺木的前后两端，这种含义现在已经不再使用了；另一种是嵌在墙上为安装门窗用的架子。当"框"还没有产生的时候，"匡"实际上是被借去承担了"框"的后面一种意思，所以也有意见认为"框"是在"匡"的基础上增加了"木"。

·字的演变

以后面一种意思为基础，"框"后来又产生了与此有关的几种含义：

一是镶在器物周围起支撑、保护或约束作用的东西，如"画框、眼镜框"；二是用笔等在文字或图片周围加上线条以及画出来的圈，比如"把错别字框出来"；三是约束或限制，例如"好教师不会把学生框得太死"。

| bāng |

梆

·字的由来

"梆"这个字左边的"木"表示字的意思与树木或木头有关，右边的"邦"表示字的读音与它接近。

"梆"最初有两种意思：一种意思是一种树，但是这种意思在古代也很少见到用例；另一种意思则是供敲击用的一种响器，最初是官府用来发出号令的器具，后来则用于打更报时。

·字的演变

再往后，"梆"也表示敲打木头等的声音，如"木鱼敲得梆梆响"。另外，在一些地区，"梆"也可以表示"用棍子等敲、打"，比如"用竹竿梆树上的枣"。"梆子"除了表示打更用的器具，它还指一种打击乐器，通常在一些地方戏曲里使用，所以，一些地方戏也称"梆子"或"梆子腔"，例如"河北梆子、山西梆子、山东梆子"。

| = | guì

🔷 字的由来

"桂"这个字左边的"木"表示字的意思与树木有关，右边的"圭"（guī）表示字的读音与它接近。

"桂"在古代可以指两种植物。

一种是通常称作"肉桂"的植物。《说文解字》对"桂"的解释是："江南木。百药之长。"这是一种常绿乔木，树皮叫桂皮，嫩枝叫桂枝，它们都可入药。屈原的《离骚》中有一句"杂申椒与菌桂兮"，其中的"菌桂"指的就是"肉桂"，而"申椒"指的则是一种既有浓郁香气，也有辛辣刺激味道的植物。这句话的字面意思是把两种香草混合到一起。

另一种是通常称作"木犀、木樨、丹桂"或"金桂"的桂花树，例如明代文人梅膺祚（zuò）编著的《字汇》中，"桂"的解释就是："木名，花香清远，其叶冬夏常青。"

🔷 字的演变

"桂"还是我国广西壮族自治区境内一条河流的名称，即"桂江"。因此，广西壮族自治区的别称也是"桂"，如"桂剧"。

字里字外

"月桂"有两种含义：一种是由于古代传说中月亮上种有桂树，所以它可以指月亮、月光；另一种是指一种常绿乔木，又称"天竺桂"。由于古希腊常常把这种树枝编成的花冠授予杰出的诗人或竞技的优胜者，所以，后来就用"桂冠"表示某种光荣称号，同时也指竞赛中的冠军。

桔 jié

字的由来

"桔"这个字左边的"木"表示字的意思与树木有关,右边的"吉"表示字的读音与它接近。

"桔"最初有两种意思。

一种意思是桔梗。这是一种多年生草本植物,根可入药,例如《战国策·齐策三》中的"今求柴胡、桔梗于沮泽",句中"柴胡"也是一种可以入药的多年生草本植物,"沮泽"指的则是水草丛生的沼泽地带。

另一种意思是桔槔(gāo)。这是一种用杠杆从井里汲水的装置,俗称"吊杆、称杆"等。它是古代一种原始的汲水工具,商代的时候就被用于农业灌溉,是我国农耕历史和农业文明的重要标志。明代科学家宋应星在《天工开物·作咸·井盐》中就曾经写道:"井上悬桔槔、辘轳诸具。"

四 | qī·xī

栖

·字的由来

"栖"左边的"木"表示字的意思与树木有关，右边的"西"由于本身在甲骨文里的字形是鸟巢形状，含有鸟类归巢歇息的意思，所以既表示"栖"的读音与它接近，也表示"栖"的意思与休息有关。然而，据考证，当"西"表示"栖息"意思的时候，后来又造出一个表示这种意思的字是左边"木"，右边"妻"，其中"妻"表示字的读音与它接近。但是，这个字后来一方面被字形更加简单的"栖"所代替，另一方面，也许更加重要的是，"西"原本就同鸟类歇息有关，左边加上"木"再创造出"栖"之后，鸟在树上栖息的意思也更加明显。

"栖"最初的意思是鸟停在树上歇息，随之也表示停留或居住，比如"栖身、栖止"，又如白居易《晚凉偶咏》："中有逐凉人，单床独栖息。"大意是屋里有贪图凉爽的人，独自在床上休息。

·字的演变

"栖"也读作 xī，一般用作"栖栖"，表示来来往往，再往后又发展出"不安定"等意思，例如陶渊明《饮酒二十首》其四："栖栖失群鸟，日暮犹独飞。"诗句的意思是离群的孤鸟盘旋往复，惶惶不安，黄昏时分依然在孤独地飞着。

三 dàng

字的由来

"档"左边的"木"表示字的意思与树木或木头有关，右边的"当"表示字的读音与它接近。

"档"按照古代不同文献解释，它最初的意思有多种：一种是树木；一种是木床；一种是横木框，也就是水平放置的木框。不过，"档"的前两种意思在古代也很少使用。

字的演变

由表示水平放置的木框，"档"后来就产生了与此相关的几种意思。

第一，带隔板和格子的架子或橱，大都用来存放案卷等，比如"归档"。

第二，档案，如"调档、查档"。

第三，器物上起固定、支撑作用的木条或细棍儿，例如"床档儿"。

由于表示分层的架子等，而这类器具既有存放货品的作用，同时还含有"空格、层次"等含义，所以，"档"后来也可以表示以下几种意思。

第一，产品或商品的等级，如"低档货、高档商品"。

第二，某一个时间段，比如"档期、春节档"。

第三，在一些地方话里，它既可以指"货摊"，如"鲜鱼档、大排档"，也可以表示事件或成组的曲艺杂技等的数量，比如"办完了一档事"。

字里字外

"档"只有第四声一种读音，不要读成第三声。

桐 tóng

字的由来

"桐"左边的"木"表示字的意思与树木有关，右边的"同"表示字的读音与它接近。据考证，甲骨文和金文里已有上边"木"下边"同"的字形。

"桐"最初指的是一种属于"梧桐科"的落叶乔木，即"梧桐"，也称"青桐"。它的木质轻而坚韧，可用来制作乐器和各种器具，种子可食，也可以榨油，古人以为是凤凰栖息的树木，例如《孔雀东南飞》："东西植松柏，左右种梧桐。"

字的演变

"桐"也可以指"泡桐"和"油桐"。前者又称"白桐、华桐"等，也是一种落叶乔木，属于玄参科；后者也称"三年桐"，是一种落叶小乔木，种子可以榨油，叫"桐油"，属于大戟科。

字里字外

中国的"梧桐"和"法国梧桐"其实是两种树。"法国梧桐"统称"悬铃木"，属于悬铃科，原产于欧洲东南部至西亚及印度一带，被引入我国之后大都充当行道树，我们在路边经常见到的结球形果实的"梧桐"其实一般都是"法国梧桐"。

二 | zhū

·字的由来

"株"左边的"木"表示字的意思与树木有关,右边的"朱"表示字的读音与它接近。

"株"最初指的是露出地面的树根和靠近根部的部分,也指树桩。"守株待兔"中的"株"指的就是树桩。

·字的演变

后来,"株"也可以表示整个植物体以及植物的数量,例如"株距、植株""几株桃树"。

一 | qiáo

·字的由来

"桥"左边的"木"表示字的意思与树木或木头有关,右边的"乔"表示字的读音与它接近。

"桥"最初指的是桥梁,如"桥洞、小桥、过桥、建桥",又如《战国策·赵策一》中的"襄子至桥而马惊",句中"襄子"指的是春秋战国时期晋国的大夫,也是后来赵国的奠基者"赵襄子"。

·字的演变

后来,"桥"也可以指器物上的横梁;而且"桥"在古代还读 jiāo,指的是前面"桔"字里面提到的"桔槔"。但是,这两种意思都只在古代使用。

另外,有些古代文献也把"桥"解释成一种树,比如《尚书大传》:

"桥木高而仰，梓木晋而俯。"句中"晋"是低矮的意思，句子的字面意思是桥树高大而昂首挺胸，梓树低矮而俯首听命。实际上这是以"桥树"比喻父亲，而以"梓树"比喻儿子，意味着父亲威严挺拔，儿子则俯首听从父亲的教诲。

桦 二 huà

·字的由来

"桦"左边的"木"表示字的意思与树木有关，右边的"华"表示字的读音与它接近。

"桦"最初指的是一种落叶乔木或灌木，叶子互生，有白桦、红桦、黑桦等。

栓 四 shuān

·字的由来

"栓"左边的"木"表示字的意思与木头有关，右边的"全"表示"栓"在古代的读音与它接近。

"栓"最初指的是木钉，随后表示器物上可以开关的机件，如"枪栓、消火栓"。现在它也专门指枪栓，比如"拉栓"。

·字的演变

"栓"还可以表示形状近似木钉的塞子一类的东西，比如"栓剂、螺栓、血栓、脑栓塞"。

桃 — táo

·字的由来

"桃"左边的"木"表示字的意思与树木有关，右边的"兆"表示字的读音与它接近。

"桃"最初指的是一种落叶小乔木，也指这种树木结的果实，例如《诗经·周南·桃夭》："桃之夭夭，灼灼其华。"还有《诗经·大雅·抑》："投我以桃，报之以李。"

·字的演变

"桃"也表示形状像桃的东西，如"棉桃"等。另外它还可以表示"核桃"，比如"桃仁、桃酥"等。

字里字外

由于传说中王母娘娘的蟠桃园里结的都是"长生果"，所以"桃子"也就有了"长寿"的寓意，随之还形成了用"寿桃"祝寿的风尚与传统。

另外，据西汉韩婴所著《韩诗外传》记载，春秋时魏国的一位官宦子质曾经与晋国的卿大夫赵简子有过一段对话，对话的大致意思是：春季来临时种植桃李，到了秋天就会收获桃李；如果春天种植的是蒺藜（jí li），那么，收获季节也只能面对蒺藜。对话的寓意是授徒和育人都与人的天性有关，门生们的资质会决定他们成为什么样的人。因此，"桃李"后来就产生了"学生"的含义，比如"桃李满天下"。

格 gē · gé

字的由来

"格"左边的"木"表示字的意思与树木有关,右边的"各"表示字的读音与它接近。据考证,金文里已经有由"木"和"各"构成的几种字形,只是"木"和"各"的左右位置并不固定。

"格"最初的意思是树枝长得很长的样子或者比较长的枝条,例如南北朝时期文学家庾信的《小园赋》:"草树混淆,枝格相交。"

字的演变

由表示树枝,"格"后来就产生了以树木为原料制作的器具等含义,它可以表示"张网用的木柱",也可以表示"架子"等。但是这些意思只是在古代使用。

后来,由表示架子,也或者是由于树枝交错可以形成网格状,所以,"格"就产生了"格子、框子"等意思,比如"方格本、书柜一共五层格"。

任何格子都有稳定的边框,形状也很固定,于是,"格"也可以表示"格式、规格",如"合格、格律诗、别具一格"。而当人具备了比较稳定的品性,也可以看作是人的一种格调,所以"格"也可以表示"品质、风度",例如"品格、人格、性格、风格"。

"格"现在也用来表示某些语言中名词的一种语法范畴,如俄语的名词有六个格。

由于树枝长得长,意味着长度和距离变大,这就隐含了类似走得远这样的含义,于是,"格"就产生了"至、到、来"这一类含义,并由此又发展出"探究"等意思,如"格物致知"。

但是,同样是由于树枝长得很长之后,它也许会造成两棵树的树枝互相接触甚至是抵触的情形，同时也由于"格"曾经可以表示栅栏，于是，"格"后来也产生了"阻碍、限制"以及"打斗"等意思，例如"格格不入""格斗、格杀"。

"格格"读 gége 的时候，是满族对公主或皇族女儿的称呼；而当它读成 gēgē 的时候，则同"咯咯"一样，表示笑声、鸟叫声等。因此，"格"现在也有第一声 gē 这种读音，除了用于"格格"，还可以用于"格登"，意思同"咯噔"一样。

| 五 |zhuāng|

桩

· 字的由来

"桩"左边的"木"表示字的意思与木头有关，右边原本写成"舂"（chōng），表示"桩"在古代的读音与它接近。汉字简化的时候采用了"桩"，右边的"庄"同样表示"桩"的读音与它接近。

"桩"最初指的是一头插入地里的短木棍或木橛子等，例如"木桩、打桩、拴马桩"，又如韩愈《病中赠张十八》："斩拔枿（niè）与桩。"标题中的"张十八"指的是唐代诗人、韩愈的学生张籍，因为他在家族兄弟中排行第十八，因此有时被称作"张十八"。句中的"枿"指的则是树木砍去之后留下的树桩。

· 字的演变

"桩"还可以表示事情的数量，比如"一桩婚事"。

一 | jiào·xiào

字的由来

"校"左边的"木"表示字的意思与木头等有关,右边的"交"表示字的读音与它接近。

"校"最初指的是桎梏一类的刑具,读音是 jiào。

字的演变

后来,"校"也指打猎时拦阻野兽的栅栏,随之又表示军队的营垒以及古代军队的一种建制单位。但是,这些意思都是在古代使用。而由于桎梏一类刑具主要作用是约束、限制犯人的行为,其中包含着纠正等含义,所以,"校"由此便产生了"订正、核查并改正"等意思,比如"校订、校正、审校、校对文稿"。而在表示与军队有关意义的基础上,后来"校"一方面产生了"较量"等意思,如"校场",另一方面,"校"在表示这类意思时,也可以读作 xiào。

由于"校"既表示营垒一类围合的场地,同时又隐含通过某种方式使事物等变得正确这样的"校正"含义,而且原本就可以读作 xiào,因此,目的在于通过教育让学习者变得更好的"学校"后来就可以用"校"来表示了,并且还沿用了 xiào 这种读音,例如"校园、校门、夜校、母校、进校、离校、全校师生"。

按照历史文献记载,我国在距今四千多年的夏朝就已经出现了学校,当时就称作"校"。

由于同军营以及古代军队的建制有关,"校"现在也可以表示军队的一级军衔,在将官之下、尉官之上,如"少校、上校团长"。

三 hé·hú

字的由来

"核"左边的"木"表示字的意思与树木有关，右边的"亥"表示字的读音与它接近。

"核"这个字最初有 gāi 和 hé 两种读音，前一种读音指一种树，后一种读音指的则是果实中坚硬并包含果仁的部分，如"果核、桃核"。"核"的前一种读音及其意思在古代也很少使用，现在则完全不用了。

字的演变

"核"后来也可以表示物体、物质中像核的部分，比如"细胞核、原子核"等。而且由于表示"原子核"，所以"核"又产生了"原子核发生裂变或聚变时释放出的巨大能量"这样的意思，例如"核能、核电站、核武器"。

古代曾经还有一个上边是"西"下边是"敫"（jiǎo）的字，读音是 hé，原本表示"核实"等。后来，由于它也可以表示果核，因此，"核"就代替了它，并由此产生了"仔细地对照考察"这样的意思，如"核查、核算、核实、考核、审核"。

另外，"核"在表示果核等意思的时候，在口语里也读 hú，比如"苹果核、煤核儿"。

字里字外

我国是和平利用核能的国家。多年来，我国一方面大力推进安全使用核能的科技进步，另一方面，我国拥有适量自主研制的核武器，目的主要是加强国防，抵御外来威胁，捍卫国家主权与领土完整。

| 一 | yàng |

·字的由来

"样"左边的"木"表示字的意思与树木有关，右边的"羊"以前写成"羕"（yàng），表示字的读音与它接近。不过，这个字最初有两种读音与意思。

第一种读音是 xiàng，指的是栎（lì）树的果实，即"橡子"，后来，这种意思就由"橡"来承担了。

第二种读音是 yàng，被借去表示"式样、样式"的意思，后来，汉字简化的时候，右边的"羕"简化成了"羊"，于是形成了现在我们使用的"样"。

·字的演变

以"样式"的意思为基础，"样"现在有几种意思接近，但是也稍有差别的含义。

第一种就是"作为标准或代表供人看或者模仿的事物"，如"样板、样本、样品、榜样"。

第二种是形状，比如"样式、模样、图样"，又如宋代诗人杨万里《晓出净慈寺送林子方》："映日荷花别样红。"

第三种是人的模样或神情，例如"孩子的淘气样太逗人了"。

第四种是态势、情势或形势等，如"看样天要下雨"。

第五种是事物的种类，比如"样样俱全、饺子馅里有两样青菜"。

根 gēn

字的由来

"根"左边的"木"表示字的意思与树木有关，右边的"艮"（gèn）表示字的读音与它接近。

"根"这个字最初指的是草木长在泥土中吸收营养及水分等并使自身固定的部分，比如"根须、根茎、草根、树根"。

字的演变

后来，"根"也可以指物体的下部或某个部分与其他物体相连的地方，例如"根基、舌根、墙根"。同时它也可以指事物的本源、人的出身底细等，如"病根、寻根、知根知底"。另外，它还可以指子孙后代，比如"家族的根苗"。

以根的形状、作用等为基础，"根"又可以表示细长东西的数量，如"一根棍子、几根筷子"；而且它还可以表示"依据、作为根本""彻底、根本地"等意思，比如"根据""根除、根治"。

"根"现在也被用来表示数学或化学方面的一些概念，例如"一元方程的解""方根的简称""带电荷的原子团"等。

二 chái

柴

·字的由来

"柴"上边的"此"表示"柴"在古代的读音与它接近,下边的"木"表示"柴"的意思与树木有关。

"柴"最初指的是枯树枝,例如唐代诗人王维《送别》:"山中相送罢,日暮掩柴扉。"句中"柴扉"指的是用树枝编制的篱笆门。

·字的演变

由于干枯的树枝经常被用来作为生火的燃料,所以,"柴"现在一般指柴火,比如"木柴、劈柴、柴米油盐"。

另外,由于树枝大都比较细,于是,"柴"在一些地方也可以表示瘦弱以及食物等由于纤维多而不松软、不易嚼烂,例如"这块酱牛肉瘦而不柴",又如蒲松龄《聊斋志异·江城》:"母以忆子故,偶至其家,见子柴瘠,归而痛哭欲死。"句子充分表达了母亲对子女的惦念与疼爱,见到儿子骨瘦如柴便痛哭失声。

五 jiǎng

桨

·字的由来

"桨"上边以前写成"将"的繁体字形,表示"桨"的读音与它接近,汉字简化的时候简化成了现在的形式;下边的"木"表示"桨"的意思与木头有关。

"桨"最初指的是一种比较短的、横着使用的划船用具,即"船桨",

例如南北朝时期诗人刘孝威的《采莲曲》："金桨木兰船，戏采江南莲。"诗句中的"金桨"和"木兰船"并不是真实地表达船和船桨的制作材料，而是体现诗人眼中船的精巧。

四 xiè 械

字的由来

"械"左边的"木"表示字的意思与木头等有关，右边的"戒"表示字的读音与它接近。

"械"最初指的是器械，例如《墨子·公输》："公输盘为楚造云梯之械。"句中"公输盘"指的是古代著名的能工巧匠鲁班，整句话说的是鲁班为楚国制造了攻城用的"云梯"。

字的演变

"械"在古代也指桎梏一类的刑具，比如《史记·萧相国世家》："乃下相国廷尉，械系之。"句子说的是汉高祖刘邦罢免了萧何的官职，并令武士给他上了刑具。

后来，"械"也专门指兵器，如"枪械"，又如《新唐书·百官志》："都督，掌督诸州兵马甲械……"句子的大意是都督这种官职的主要职责是掌管各州的兵马和兵器等。

字里字外

"械"的读音是 xiè，不要错读成 jiè。

四 | bīn

彬

·字的由来

"彬"左边的"林"有意见认为是"焚"的省略,表示"彬"的读音与它接近;右边的"彡"(shān)原本表示用羽毛等装饰,具有鲜明、美丽等含义,所以表示"彬"的意思与"鲜明、美好"有关。

"彬"最初的意思与"份"最初的意思相同,即人的文才、品质俱佳,例如《论语·雍也》:"文质彬彬,然后君子。"按照孔子的意思,"文"和"质"相当于人的表、里,也就是外表与内心,而只有当人的内心和外表都美好,这才称得上是君子。由表示人的"文才、品质俱佳",后来"彬彬"也用来形容文雅,比如"彬彬有礼"等。

gěng

梗

·字的由来

"梗"左边的"木"表示字的意思与树木有关,右边的"更"表示字的读音与它接近。

"梗"最初指的是一种统称"枌(fén)榆",也称"刺榆"的树。在古代,有些地区把草木刺人以及草木刺也称为"梗",因此,可能是由于"枌榆"这种树有刺,所以它就又有了"梗榆"这种称呼了。但是,"梗"的这种原始意义现在已经不再使用了。

·字的演变

由于表示草木以及草木的刺,所以,"梗"后来就产生了"某些草本植物的枝茎"这种意思，如"花梗、菜梗"。

"梗"由于形状直挺，所以它也产生了"挺直"的意思，如"梗着脖子"。

此外，由于草木刺的刺激和抵御等作用，"梗"也可以表示人的"直爽、正直"以及"阻挡、阻塞、妨碍"等意思，比如"梗直""梗塞、肠梗、从中作梗"等。但是需要注意的是，现在"梗直"已经不适宜再使用了，正确的形式是"耿直"。

因为阻塞往往意味着闭塞，而一味地闭塞，则可能变得顽固，于是，"梗"后来也有顽固的意思，比如"顽梗"。

梧

二 | wú

·字的由来

"梧"左边的"木"表示字的意思与树木有关，右边的"吾"表示字的读音与它接近。

"梧"最初指的是一种属于梧桐科的落叶乔木，即梧桐，也称青桐。

梢

三 | sào·shāo

·字的由来

"梢"左边的"木"表示字的意思与树木有关，右边的"肖"表示字的读音与它接近。

"梢"最初指的是一种树，读音是 shāo。但是这种意思现在已经找不到用例了。与此同时，它也指树枝的末端，如"树梢"，又如欧阳修《生查子》词："月上柳梢头，人约黄昏后。"

·字的演变

随后，"梢"也可以表示条状物较细的一头，比如"眉梢、末梢"。

"梢"在古代也表示船舵尾，但是这种意思后来由"艄"来承担了。

"梢"现在还有一个读音 sào，用在几何学等领域，表示"圆锥形物体大、小两个截面直径的差与两个截面间距离的比"，统称"锥度"。

梅 二 méi

·字的由来

"梅"左边的"木"表示字的意思与树木有关，右边的"每"表示字的读音与它接近。

"梅"最初指的是一种本来称作"枏"（nán）的树，而"枏"这种树据考证与"楠"相通。由于"枏"树的果实"似杏而酢（cù）"，也就是形状像杏而味道有点酸，与梅子十分相似，所以"梅"后来就被借来指落叶乔木梅树了，同时也表示这种树的花与果实，一直沿用至今，它最初表示"枏"的意思反而只保留在了古代。

实际上最初表示梅子以及梅树的是"某"，但是它后来却反而不再表示这样的意思了。

字里字外

自从有了表示梅树的意思,"梅"就成为中国传统文化中一种非常重要的标志。"梅兰竹菊"四君子以物喻人,展示的是卓然不凡的人品和人格。

宋代诗人林逋(bū)的咏梅名篇《山园小梅二首》:"众芳摇落独暄妍,占尽风情向小园。疏影横斜水清浅,暗香浮动月黄昏。"据说林逋在西湖边的孤山隐居,他喜爱种梅花、养仙鹤,终生不娶,享有"梅妻鹤子"的美名。

一 jiǎn 检

·字的由来

"检"左边的"木"表示字的意思与木头有关，右边的"佥"（qiān）表示字的读音与它接近。

"检"最初指的是装书的木匣外面封口的木签，木签上面一般写有表示"封禁"意思的文字。

·字的演变

封闭和禁止都意味着一定的限制与约束，因此，"检"后来就产生了"约束、限制"这样的意思，比如"检点、言行失检"。

再往后，由于任何"约束"都隐含着"核查、查验"等因素，所以"检"也可以表示"查"，比如"检查、检票、检验、检阅、体检"。

字里字外

由于"检"在古代还与"捡"意思相通，所以，现在所说的"检举"，其实最初表示挑选、选择、举荐等，其中都隐含着"捡拾"等含义。例如苏轼《上吕仆射（yè）论浙西灾伤书》："伏望相公一言，检举成法。"标题中的"吕仆射"指的是北宋高官吕蒙正，句子的大意是祈盼您帮忙讲一讲，从已有的法规中做些选择。再如《续资治通鉴·宋高宗绍兴二十年》："诏责受建宁军节度副使、昌化军安置李光，永不检举。"这句话里的"检举"相当于举荐、任用等。后来，"检举"才又发展出"揭发他人的过失、罪行"这样的意思，前几种意思都不再使用了。

| 一 | shū |

梳

字的由来

"梳"左边的"木"表示字的意思与木头有关,右边的"㐬"(liú)是"疏"的省略,表示"梳"的读音与"疏"接近。但是也有意见认为,"疏"因为有"通"的含义,所以也表示"梳"的意思与"通"有关。

"梳"最初指的是一种理顺头发等的用具,即"梳子",如"木梳、百齿梳"等。

字的演变

随后,"梳"也可以表示用梳子理顺头发等,比如"梳妆、梳理",还有汉代文学家扬雄的《长杨赋》:"头蓬不暇梳,饥不及餐。"大意是说头发乱蓬蓬的也没时间梳理,肚子饿了也来不及吃饭。这句话是称赞汉高祖刘邦创业时的勤劳和勤勉。

此外,也有意见认为,"疏"最初的时候曾经也表示"梳子",而且指的是上面的齿比较稀疏的梳子,所以说"梳"实际上也同"稀疏"这样的含义有关。

字里字外

在书写的时候,不要把"梳"右边的"㐬"和"慌"右边的"㐬"混淆。

梯 tī

字的由来

"梯"左边的"木"表示字的意思与木头有关,右边的"弟"表示字的读音与它接近。

"梯"最初指的是一种方便人上下的木制用具,例如《孙子兵法·九地篇》:"帅与之期,如登高而去其梯。"句子的大意是将帅向军队布置作战任务,就要像让士兵登高之后撤去梯子一样,使他们没有任何退路,只能一往无前。

字的演变

随后,"梯"也指一切方便人上下的阶梯,如"楼梯、绳梯",还有李白《梦游天姥(mǔ)吟留别》:"脚著谢公屐(jī),身登青云梯。"

"梯"后来也可以表示形状或作用等像阶梯的东西,比如"扶梯、电梯、梯田、梯队"。

字里字外

我国南方常常在山坡上开辟梯田,种植水稻,例如广西壮族自治区龙胜各族自治县"龙脊梯田"、福建省尤溪县"联合梯田"、江西省崇义县"客家梯田"、湖南省新化县"紫鹊界梯田"等,都是历史悠久的农耕文明的标志,也是闻名世界的农业文化遗产。

二 tǒng

·字的由来

"桶"左边的"木"表示字的意思与木头有关，右边的"甬"表示字的读音与它接近。

"桶"最初指的是一种方形的度量衡器具，容积是6升，例如《史记·商君列传》中的"平斗桶权衡丈尺"，大意是调整并规范度量衡的标准及器具。

·字的演变

后来，"桶"也可以表示用木料或其他材料制作的容器，如"水桶、木桶、铁桶"。

"桶"也可以表示形状像桶的东西，比如一般缝成圆桶形状、供做皮衣用的兽毛皮就称作"皮桶、皮桶子"。

"桶"还可以表示能够用桶盛装的东西的数量，如"一桶纯净水、三百万桶石油"。

五 suō

·字的由来

"梭"左边的"木"表示字的意思与树木或木头有关，右边的"夋"（cūn）表示字的读音与它接近。

"梭"最初指的是一种树，读音是xùn。但是这种意思在古代也很少使用，现在则完全不用了。

·字的演变

后来,"梭"被借去表示织布时牵引纬线的一种工具,两头尖,中间粗,形状像枣核,读音也变成了 suō,又称"梭子"。从宋代开始出现在许多文献里的"日月如梭",表示时光像织布机上的梭子一样飞快地往返穿梭,实际上含有提醒人们珍惜光阴、不要虚度年华的意思。

"梭子"还表示冲锋枪、机关枪等武器的弹匣,也表示子弹的数量,如"打出去一梭子子弹"。

二 lí

梨

·字的由来

"梨"上边的"利"表示字的读音与它接近,下边的"木"表示字的意思与树木有关。

"梨"最初指的是一种落叶乔木或灌木,也指它的果实,其果实是一种常见水果,如"梨膏、梨花、鸭梨"。

字里字外

据说唐玄宗曾让乐工、宫女等在梨园中学习和练习音乐舞蹈,所以,后来"梨园"就被用来表示戏班、戏曲演员、演戏场所等,再往后又有了"戏院"或"戏曲界"等意思,比如"梨园子弟"。

渠 qú

字的由来

"渠"这个字以前由"氵"和"榘"的繁体字形"榘"的一部分构成,"氵"表示字的意思与水有关,"榘"的一部分表示字的读音与它接近。

"渠"最初指的是人工开凿的水沟、水道等,例如"河渠、沟渠、水到渠成"。我国采用开凿沟渠的方法治理水患、发展水运以及灌溉农田的历史十分悠久,《史记·河渠书》对此就有较多的记载。

字里字外

另外,"渠"在古代还可以表示"大",也可以表示"他"。现在,前一种意思仍然保留在文言文或者书面文章中,后一种意思则保留在了广东等地的一些地方话里。

梁 liáng

字的由来

"梁"在金文中写成 等,由"氵"和"刅"(chuāng)构成,后来到小篆的时候又增加了"木"。"氵"表示字的意思与水有关,"木"表示字的意思与树木或木头等有关,"刅"表示字的读音与它接近。

"梁"最初指的是架在水流两边岸上充当桥梁的树干,也就是"桥梁"的意思,例如《庄子·外篇》:"山无蹊(xī)隧,泽无舟梁。"句子的大意是山上没有路和隧道，水里也没有船和桥梁。

[金] [篆] [楷]

字的演变

"梁"后来也可以表示房梁，比如《乐府诗集·十五从军征》："兔从狗窦（dòu）入，雉（zhì）从梁上飞。"句中"窦"指的是洞穴，"雉"指的是山鸡。另外还有刻苦读书的"头悬梁，锥刺股"等故事。

再往后，"梁"还可以表示"物体中间隆起呈长条状的部分"以及"器物上弓形的手提部分"，如"鼻梁、山梁""提梁"。

由于表示桥梁，所以"梁"后来也产生了用土石等修筑的截断水流的围堰等意思。围堰这种建筑肯定具有桥梁的作用，与此同时，阻断水流也便于治理河道，捕鱼捉虾，所以，古代就设置了"鱼梁吏"这一官职，负责治理河道以及渔业事务。

三 bàng

棒

字的由来

"棒"左边的"木"表示字的意思与木头等有关，右边的"奉"表示"棒"在古代的读音与它接近。

据考证，"棒"最初写作"梧"，后来又出现了"棒"这种字形。"棒"最初指的是木杖、棍子等，例如"棒球、棒槌、棍棒、舞刀弄棒"。

·字的演变

"棒子"除了指棍棒，在一些地区也指玉米，如"棒子面"指的就是玉米磨成的面粉。

此外，"棒"也表示体力或能力强、水平高、成绩好等，比如："老人家精神特棒。""他的作文尤其棒。"

棱

|lēng·léng·líng|

·字的由来

"棱"左边的"木"表示字的意思与木头等有关，右边的"夌"（líng）表示字的读音与它接近。

"棱"最初指的是四方的木头，也指棱角，即同一物体上不同方向的两个平面之间连接的部分，读音是léng，如"棱镜、棱柱、见棱见角"。

·字的演变

"棱"也表示物体上条状的突起部分，比如"瓦棱、眉棱"。

"棱"还读作lēng，主要用于表示声音的"扑棱、刺棱"，以及表示色彩的"红不棱登、花不棱登"。

"棱"在表示黑龙江省穆棱河以及穆棱市的时候，读音是líng。

一 qí

·字的由来

"棋"左边的"木"表示字的意思与木头等有关,右边的"其"表示字的读音与它接近。据考证,甲骨文里已经有上边"木"下边"其"的字形。

"棋"最初指的是围棋的棋子,如"星罗棋布",又如《左传·襄公二十五年》中的"弈者举棋不定"。

·字的演变

随后,"棋"也指围棋,例如《新唐书·艺文志》记载古代有《竹苑仙棋图》一卷,"棋图"指的是围棋的棋谱。

后来,"棋"也表示文娱项目的一个大类,一般有若干棋子以及棋盘,下棋的人须根据不同棋类的比赛规则在棋盘上摆好棋子并移动棋子来比输赢,除了"围棋",还有"军棋、跳棋、中国象棋、国际象棋"等。

"棋"还可以表示下棋的着(zhāo)数,比如"这是一步好棋"。

二 yē

·字的由来

"椰"左边的"木"表示字的意思与树木有关,右边的"耶"表示字的读音与它接近。

"椰"指的是一种通常生长在热带的常绿乔木以及这种树木的果实,例如"椰浆、椰汁、椰壳、椰油"。

据考证,"椰"最初写成"枒、桠",后来才出现了"椰"这种字形。

植 | 二 | zhí

🔖·字的由来

"植"左边的"木"表示字的意思与树木或木头等有关,右边的"直"表示字的读音与它接近。

"植"最初的意思是立起来、树立、竖立等,比如《论语·微子》中的"植其杖而芸"。一般解释为把扁担立在一旁然后去除草,句中的"芸"相当于"耘"。

🔖·字的演变

随后,"植"也产生了"栽种"的意思,因为栽种一般也是要把栽种的东西立起来,例如"植树、植发、移植、种植",又如《孔雀东南飞》:"东西植松柏,左右种梧桐。"

"植"也可以表示"植物",如"植被、植株"。

森 | 一 | sēn

🔖·字的由来

"森"由三个"木"构成,寓意树木多。在甲骨文里已经有由三个"木"构成的字形,只是三个"木"的组合方式除了"品"字结构,还有左中右结构。

"森"最初的意思是树木茂密,例如杜甫《蜀相》:"丞相祠堂何处寻,锦官城外柏森森。"诗句中的"锦官城"指的是现在四川省成都市一带。

甲	金	篆	楷
			森

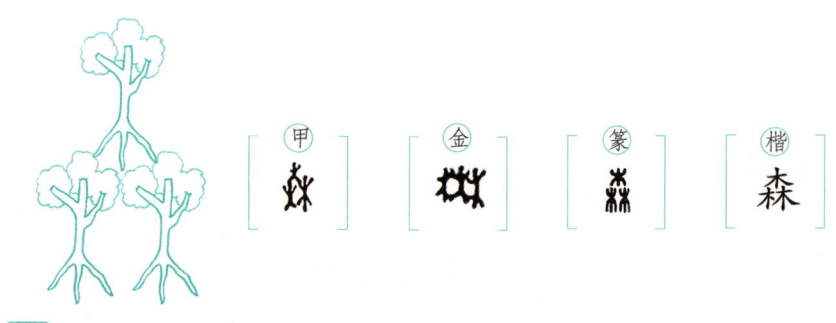

字的演变

随后，"森"也产生了"众多"的意思，比如"森罗万象"，又如唐代诗人张九龄《奉和圣制早发三乡山行》："羽卫森森西向秦，山川历历在清晨。"诗句的大意是西行的车辇和队列旌旗仪仗林立，清晨的山川历历在目。

如果树林茂密，那么，树林中的光线一般就会比较暗，因此，"森"后来就产生了"阴暗、幽暗"等意思，比如"阴森"。

字里字外

除了"森"，还有很多汉字是由三个相同的字组合而成的，这些字常常蕴含着"多"的意思。比如三个"人"组成"众"，三个"日"组成"晶"，三个"口"组成"品"，三个"直"组成"矗"，三个"石"组成"磊"。

三个"金"组成"鑫"，一般读 xīn，多出现在名字中，取金多兴盛的意思。

三个"水"组成"淼"，读 miǎo，形容水大的样子。

三个"火"组成"焱"，读 yàn，指光华、光焰，也指光彩闪耀。

三个"土"组成"垚"，读 yáo，古代同"尧"，意为山高的样子，也多用于人名。

一 yī·yǐ

·字的由来

"椅"左边的"木"表示字的意思与树木或木头有关,右边的"奇"表示字的读音与它接近。

"椅"最初指的是一种落叶乔木,树形与梓树接近,也称"椅桐、山桐子、水冬桐"等,读音是第一声 yī。

·字的演变

"椅"后来也表示一种有靠背的木制坐具,读音是第三声 yǐ,如"椅垫、桌椅、躺椅、藤椅、折叠椅"。

据考证,"椅"这种坐具因为有靠背,可以供人倚靠,所以最初表示这种坐具的是"倚",后来才把"亻"换成了表示这种坐具制作材料的"木",形成了现在的"椅"。

四 jiāo

·字的由来

"椒"左边的"木"表示字的意思与树木有关,右边的"叔"表示"椒"在古代的读音与它接近。

"椒"最初指的是花椒,比如"椒盐、椒麻鸡"。但是,据考证,最初表示"花椒"这种意思的是"茮"。古文字里面与植物有关的字常常会有草字头和木字旁交叉使用的情况。因此,不论是草字头的"茮",还是木字旁的"椒",它们的偏旁都表示字的意思与植物有关。

·字的演变

由于花椒香味浓郁，而且具有一定刺激性，所以，"椒"后来也可以表示某些果实或种子有刺激性味道的植物，例如"胡椒、辣椒"。

| 一 | kē

·字的由来

"棵"左边的"木"表示字的意思与树木有关，右边的"果"表示"棵"在古代的读音与它接近。

据考证，"棵"最初指的是砍伐下来的树枝或者指一种树，读音是 kuǎn，原本写成"梡"，后来又出现了"棵"这种字形。同时，"棵"也读作 kě，意思是案板。这些读音和意思现在都已经不再使用了。

·字的演变

"棵"后来产生了 kē 这种读音，主要用来表示植物等的数量，例如"一棵树、几棵竹子、两棵大白菜"。

棍 gùn

字的由来

"棍"左边的"木"表示字的意思与树木或木头有关,右边的"昆"表示字的读音与它接近。

据考证,"棍"最初指的是一种树,也表示捆扎木头等,读音是 hǔn。但是,这种读音和意思现在都已经不再使用了。

字的演变

"棍"后来产生了 gùn 这种读音,意思是用树枝、竹子等截成的长条形东西,也就是棍子,如"棍棒、木棍、拐棍、双节棍"。

"棍"还可以指无赖、坏人、恶人等,比如"恶棍、赌棍、神棍"。

椎 chuí · zhuī

字的由来

"椎"左边的"木"表示字的意思与木头有关,右边的"隹"(zhuī)表示字的读音与它接近。

"椎"最初指的是一种捶击或敲击用的工具,读音是 chuí,例如《淮南子·说林训》:"椎固有柄,不能自椓(zhuó)。"句子的大意是椎固然有把儿,但是也不能自己敲打自己。

字的演变

随后,"椎"也可以表示捶击、敲击等,如"椎心泣血",字面意思是捶打胸膛,哭得眼中出血,形容非常悲痛的样子。

"椎"也有 zhuī 这种读音,意思是脊椎骨,如"腰椎、颈椎"。

棉 mián

字的由来

"棉"左边的"木"表示字的意思与树木有关，右边的"帛"是"绵"的省略，表示"棉"的读音与"绵"接近。

"棉"最初指的是一种落叶乔木"木棉"，也称"攀枝花、英雄树"等。例如《昭明文选》里就有记载，木棉"其实如酒杯，中有绵如蚕绵，可作布"，可见，木棉树的果实形状像酒杯，果实中有丝绵一样的絮状物，能用来织布。

字的演变

"木棉"与后来的"棉花"是两回事。"棉花"是通过西域以及东南沿海两条路径传入我国的。棉花传入我国之后，"棉"也就有了表示这种一年生或多年生草本植物或灌木的含义，如"棉田、棉桃、种棉"。随之，"棉"也可以表示这种植物的纤维，如"棉絮、棉袄、棉被、棉布、药棉、长绒棉"。

字里字外

需要注意的是，"棉"和"绵"完全不同，"绵"指的是蚕丝结成的片或团，柔软轻薄，可以用来做衣服、被子等，和丝有关系，所以左边是绞丝旁，因此"丝绵"的"绵"一定不能写成"棉"。其他如"绵软、绵密、绵长"等也都同蚕丝有关，和棉花无关，因此，这些词语里面的"绵"也不能写成"棉"。

二 | péng

·字的由来

"棚"左边的"木"表示字的意思与木头等有关,右边的"朋"表示字的读音与它接近。

"棚"最初指的是楼阁之间架设的空中通道,例如《隋书·柳彧（yù）传》:"高棚跨路,广幕陵云。"句子描写的是楼阁之间的通道横跨道路,戏台的大幕高入云天。

·字的演变

后来,"棚"也指楼阁。这是我国的一种传统建筑,一般供远眺、休息、藏书等使用,比如《资治通鉴·唐肃宗至德二载》:"贼又以钩车钩城上棚阁。"随后,"棚"也用来表示一种类似棚阁的简陋小屋等,它一般用竹木等搭成架子,然后在上面覆盖苇席等,具有遮蔽风雨日光等作用,如"棚户、工棚、凉棚、窝棚、瓜棚、蔬菜大棚"。

"棚"也表示房屋内部屋顶下面或楼板下面加的一层东西,多用木板、木条、苇箔等抹灰或糊纸做成,具有保温、隔音和装饰等作用,例如"顶棚、糊棚"。

三 zōng

棕

·字的由来

"棕"左边的"木"表示字的意思与树木有关,右边以前写作"㚇"(zōng),表示"棕"的读音与它接近。后来,民间出现了写成"棕"的字形并一直沿用到现在,"宗"同样表示"棕"的读音与它接近。

"棕"最初用于"棕榈",古代称"栟(bīng)榈",现在也称"棕树",是一种常绿乔木,树叶宽大,木材可制器具。

·字的演变

"棕"也可以表示"棕毛",即棕榈树的树衣,包在树干外面,红褐色,可以用来制作蓑衣、毛刷和绳索等,如"棕绳、棕刷子"。

"棕"还可以表示像棕毛一样的颜色,比如"棕红、棕绿、棕黑"。哺乳动物"棕熊"也是因为毛色一般为棕褐色,所以才有了这样的名称。

guān

棺

·字的由来

"棺"左边的"木"表示字的意思与木头有关,右边的"官"表示字的读音与它接近。

"棺"最初指的是棺材,而且特别指两层棺木中的内层,外层则称作"椁"(guǒ),例如"悬棺、盖棺论定",又如《韩非子·内储说上》:"齐国好厚葬,布帛尽于衣衾,材木尽于棺椁。"句子说的是春秋战国时期,齐国有一段时间奢靡之风盛行，人人竞相穿好衣服，死后还要耗费大量木材制作棺木。

| láng |

榔

· 字的由来

"榔"左边的"木"表示字的意思与树木或木头有关，右边的"郎"表示字的读音与它接近。

"榔"最初指的是一种落叶乔木，也称"榔榆"。与此同时，"榔"也用于"槟榔、桄（guāng）榔"，二者都是属于棕榈科的常绿乔木。

· 字的演变

"榔"在古代还表示渔夫系在船上用来敲击船舷的一种长木棒，它的作用是惊动并驱赶水里的鱼进入渔网，例如南宋文人王纶的《秦邮晚泊》："茫茫家国偏多感，静听渔榔断续声。"看来，诗人一边在寂寞中听着渔榔敲击船舷的声音，一边在心中感慨南宋的山河破碎。

以"渔榔"意思为基础，"榔"后来就用在"榔头"里了，指的是一种敲打用的工具，也就是"锤子"，如"铁榔头"。

另外，据考证，"榔"的所有意思，在古代也用"桹"（láng）来表示。

| tuǒ |

·字的由来

"椭"左边的"木"表示字的意思与木头等有关,右边的"𰇜"(duò)原本写成"隋",而"隋"在古代也读duò,所以表示"椭"的读音与它接近。在字形方面,由于"隋"本身以及当它作为其他汉字一部分的时候,在古代就存在着简化成"𰇜"的情况,于是,汉字简化的时候就采用了"椭"这种字形。

"椭"最初指的是椭圆形的容器,随之也表示椭圆形,例如《太平御览》引用《淮南子》的一段话:"夫救火者汲水而趋之,或以瓮瓴,或以盆盂,其方圆锐椭不同,盛水各异,其于灭火均也。"这段话的大意是救火的人手里拿着各种容器盛上水去灭火,这些容器的形状、大小虽然各不相同,但是它们救火的用途是一致的。

字里字外

"椭"既然已经规定了简化字形,那么,使用它的时候,右边就不能再和"隋"发生混淆了。

椭　隋

四 | táng

棠

字的由来

"棠"上边是"尚"的变形,表示字的读音与它接近,下边的"木"表示字的意思与树木有关。

"棠"最初指的是两种落叶乔木:一种叫"杜",又称"棠梨、杜梨、赤棠"等,果实为红色,味道比较涩;另一种叫"棠",也称"甘棠",果实为白色,味道比较甜。

"海棠"指一种比较常见的落叶乔木及其果实,时常出现在古诗文中,例如宋代李清照《如梦令》:"试问卷帘人,却道海棠依旧。"

字里字外

在《诗经》中,有一篇《棠棣(dì)》,这是一首歌唱兄弟亲情的诗。诗的开篇是:"棠棣之华,鄂不韡(wěi)韡,凡今之人,莫如兄弟。""鄂不"分别指花萼和花托,"韡韡"是光明美丽的样子。诗句大意是棠棣花开,光灿美丽,人与人之间的感情,都不如兄弟亲。所以,后来"棠棣"除了表示植物,也成了兄弟的象征。

| chūn |

椿

·字的由来

"椿"左边的"木"表示字的意思与树木有关，右边的"春"表示字的读音与它接近。据考证，"椿"最初也写作"杶、櫄"等，这几种字形右边的"屯、熏"同样表示字的读音与它们接近。

"椿"最初指的是一种传说中的树，例如《庄子·逍遥游》："上古有大椿者，以八千岁为春，八千岁为秋。"这种树每过一个春秋就相当于人间过了一万六千年，显然这只能是想象中的神树了。但是，正是由于存在着这样的想象，所以，"椿"才有了长寿的寓意，比如古代往往用"椿庭"表示父亲，其实就是希望父亲健康长寿，像山一样常青不老。而"椿萱（xuān）"则是父母的代称，其中"萱"原本指忘忧草，表明人们都希望母亲忘掉忧愁、一生快乐。

·字的演变

后来，"椿"也表示一种楝（liàn）科的落叶乔木，即"香椿"，它的叶子有特殊香味，嫩芽可以食用，如"香椿炒鸡蛋"。

| 五 | jiē·kǎi |

楷

·字的由来

"楷"左边的"木"表示字的意思与树木有关，右边的"皆"在金文里写成"唐"（xiè）等，它和"皆"都表示"楷"在古代的读音与它们接近。

"楷"最初指的是一种落叶乔木，统称"黄连木"，读音是 jiē。

·字的演变

据传，孔子的陵墓周围种满了楷树。由于这种树树干笔直、身形挺拔，而且又是"圣人"身边的守护者，所以，"楷"后来就产生了"模式、范式、标准"等含义，并且还产生了 kǎi 这种读音，例如"楷模"，又如《旧唐书·列传第一百三十九·儒学上》："人得其尺牍文字，咸以为楷范焉。"句子说的是当时人们如果能够得到书法家欧阳询的作品，都会把它当作学习的样板和写字的范本。

唐代书法家欧阳询是我国古代"楷书四大家之一"，其他三位分别是颜真卿、柳公权和赵孟頫（fǔ）。"楷书"也称"真书、正书"，从这些名称就可以看出，"楷书"在古人意识中是一种正统的、可以当成范本的汉字手写体。从古至今，任何人学习书写汉字的时候，一般都要从书写正楷字开始。

以手写楷书为基础的印刷字体"楷体"，是现在所有印刷字体，如宋体、黑体、仿宋体等字体的基础，同时还是小学语文课本使用的字体。

榄

lǎn

·字的由来

"榄"左边的"木"表示字的意思与树木有关，右边的"览"表示字的读音与它接近。

"榄"用于"橄榄"，基本意思有两种。

一种是指一种常绿乔木及其果实，果实为绿色，长圆形，也叫"青果、谏果"，可以食用，也可入药。

另一种是指一种常绿小乔木,是油橄榄的统称,也叫"齐墩果",在欧美等地,人们常常把它的枝叶当作和平的象征,即"橄榄枝"。它的种子可以用来榨油,即"橄榄油"。

| huái |

·字的由来

"槐"左边的"木"表示字的意思与树木有关,右边的"鬼"表示字的读音与它接近。

"槐"最初指的是一种落叶乔木,如"槐花、槐叶、国槐、洋槐"。

字里字外

据传周朝的时候,宫廷外面种有三棵槐树,而被称作"三公"的"太师、太傅、太保"这三种辅佐君主的高级官员,当他们朝见天子的时候,都要面向这三棵槐树郑重地站立;并且在议论朝政的时候,"三公"也要坐在这三棵槐树下面。因此,后来"三槐"就有了"三公"的寓意,也包含了权力、地位和身份都比较高的含义。再往后,包含"槐"的一些词语也就与权势或地位高有了关系,比如"槐位、槐堂、槐卿"。

五 yú 榆

字的由来

"榆"左边的"木"表示字的意思与树木有关,右边的"俞"表示字的读音与它接近。

"榆"最初指的是一种落叶乔木,种类很多,如"白榆、刺榆、荚榆、榔榆"等,木材可供建筑用或制作器械、家具。

字里字外

榆树的木材由于质地坚硬,所以"榆木脑袋"常被用来形容人的思想顽固、不开化、不开通等。

"桑榆"这种说法原本是由于太阳落山时,阳光会照射在桑树和榆树的顶端,所以表示日暮时分。由于表示日暮,"桑榆"后来也用来比喻人的晚年、垂老之年,比如唐代诗人刘禹锡《酬乐天咏老见示》:"莫道桑榆晚,为霞尚满天。"诗句是刘禹锡向好友白居易表示,不要认为人到了晚年就只剩下叹息了,其实人生的晚年也如同晚霞满天一样美好。

楼 lóu

·字的由来

"楼"左边的"木"表示字的意思与木头等有关，右边的"娄"表示字的读音与它接近。

"楼"最初指的是两层以上的房屋，如"楼房、楼梯、楼道、高楼、办公楼、教学楼"，又如《史记·平原君列传》："平原君家楼临民家。"句子的意思是"平原君"赵胜家里的楼阁挨着一处民居。

·字的演变

"楼"也指楼房中的一层，比如"一楼、顶楼、酒店17楼的餐厅"，又如唐代诗人王之涣的名篇《登鹳雀楼》："欲穷千里目，更上一层楼。"

"楼"还可以表示房屋或其他建筑物上加盖的房子，例如"阁楼、城楼、岗楼、鼓楼、钟楼"。

"楼"也可以用于某些店铺的名称，如"茶楼、酒楼"。

三 gài

概

·字的由来

"概"左边的"木"表示字的意思与木头等有关,右边的"既"表示"概"在古代的读音与它接近。

"概"最初指的是古代量谷物时用来刮平容器上凸出来的谷物的一种木板类器具,例如东汉初期史学家袁康编著的《越绝书·越绝请籴（dí）内传第六》中的"妻操斗,身操概,自量而食",意思是越王勾践的妻子拿着斗（古时计量粮食的容器）,而勾践自己则手持概,夫妻二人在宫中自己动手量粮食的多少,然后适度取用,避免浪费。

·字的演变

由于这种器具是用来称量粮食的标准器具,而且在使用的时候,当刮平标准容器上面的粮食之后,结果就是满满一容器的粮食,于是,"概"后来就产生了"总括、概括""大略"以及"一律"等意思,比如"以偏概全""概要、概况、大概、梗概",以及"食品售出概不退换"。

再往后,由"大略、概况"等意思发展而来,"概"对于客观世界而言,可以表示"景象、景况",例如杜甫《奉留赠集贤院崔于二学士》:"故山多药物,胜概忆桃源。"句中"胜概"的意思是美丽的景象。而对于人而言,"概"又可以表示"神情气度",如"气概",又如《北史》三十九:"世师少有节概,性忠厚,多武艺。"句子说的是隋朝名将阴罗云的儿子世师,他少年时就有气节气度,性情忠厚,武艺高强。

三 mó·mú

·字的由来

"模"左边的"木"表示字的意思与树木或木头有关,右边的"莫"表示字的读音与它接近。

"模"最初指的是用木头制作的模型、模子等,读音是 mó。

也有古代文献说"模"表示一种树,例如《淮南草木谱》中的"模木生周公冢(zhǒng)上",意思是"模"这种树生长在周公旦的坟墓上。

·字的演变

随后,"模"也表示法式、规范和标准,例如"模式、楷模"。以模型、标准等意思为基础,"模"后来也产生了下列几种含义。

第一是模范,如"劳模、英模"。

第二是仿效,比如"模拟、模仿"。

第三是模特,如"男模、女模、超模"。

在表示"模子"以及"形状、样子"等意思时,"模"现在要读成 mú,如"模板、模具、铜模""模样、装模作样"。

jiàn·kǎn

·字的由来

"槛"左边的"木"表示字的意思与木头等有关,右边的"监"表示字的读音与它接近。

"槛"最初指的是关押罪人的囚笼、囚车,也指关动物的栅栏,读音是 jiàn，如"槛车"。

·字的演变

随后"槛"也表示一般的栏杆，例如唐代文人王勃《滕王阁诗》："槛外长江空自流。"

"槛"也读作 kǎn，意思是门下的横木，也就是"门槛"。

| 五 | liú |

·字的由来

"榴"左边的"木"表示字的意思与树木有关，右边的"留"表示字的读音与它接近。

"榴"最初指的是石榴这种植物及其果实。这是一种落叶灌木或小乔木，果实球形，内有很多种子，是常见水果，例如唐代文学家韩愈的《题榴花》："五月榴花照眼明，枝间时见子初成。"

据史料记载，石榴的种子是西汉时期张骞出使西域时，从一个名叫"安石"的国家带回来的，于是，后来就把移植到我国的这种植物称作"安石榴"或者"石榴"了。

| 五 | bǎng·bàng·péng |

·字的由来

"榜"左边的"木"表示字的意思与木头等有关，右边的"旁"表示字的读音与它接近。

"榜"最初有下列几种读音和意思。

第一，读 bǎng，指木片、木板等，如南北朝时期沈约编著的《宋书·列传第四十四》："会琬送五千片榜供胡军用。"句子说的是南朝宋的大臣邓琬，送了五千块木板供一位名叫刘胡的将领统率的军队使用。

第二，读 bàng，指船桨，后来也表示划桨行船。

第三，读 péng，指一种矫正弓弩的器具。现在则表示用棍子或竹板打，也写作"搒"。

·字的演变

以第一种读音和意思为基础，"榜"后来又产生了几种含义：

一是指木牌、匾额，比如"榜额、题榜"；二是指公开张贴的文书、告示，例如"榜文、张榜招贤"；三是表示古代科举考试录取的名单，后来也表示张贴的名单，如"光荣榜、选民榜"，又如唐代诗人杜牧《及第后寄长安故人》："东都放榜未花开，三十三人走马回。"句子的大意是科举考试结果出来的时候，东都洛阳的牡丹还未开放，三十三位榜上有名的应试者则春风得意，骑马返回。

字里字外

我们现在说的"榜样"，或许最初是由木板做成的样板等意思发展而来，所以在古代"榜样"也有"模样"的意思；也许是因为匾额一定是处在高处，或者是上榜的人总是具有楷模的意味，所以，"榜样"现在就具有了"作为仿效的人或事例"这种积极的含义。

五 zhà 榨

·字的由来

"榨"左边的"木"表示字的意思与木头等有关，右边的"窄"表示字的读音与它接近。

"榨"最初指的是一种用木头制作的把油料作物里面的汁液挤压出来的器具，例如明代政治家、科学家徐光启编著的《农政全书》："油榨，取油具也。用坚大四木，各围可五尺，长可丈余。叠作卧枋（fāng）于地，其上作槽，其下用厚板嵌作底盘，盘上圆凿小沟，下通槽口，以备注油于器。"这段话表明，"油榨"是一种获取油的器具，同时也描写了古代这种器具的制作方法以及大致形状。

·字的演变

由表示榨油的器具，"榨"后来也可以表示一般的压出物体里汁液的器具，并且也产生了"压出物体里的汁液"的意思，如"榨油、榨取、榨果汁"。

三 róng 榕

·字的由来

"榕"左边的"木"表示字的意思与树木有关，右边的"容"表示字的读音与它接近。

"榕"最初指的是一种常绿乔木，树冠很大，树枝上可以生出许多"气根"，这些气根向下生长，扎入土壤后还会变成树的支柱。

字里字外

福建省福州市由于榕树很多，于是就有了"榕城"这样的别称。

三 héng·hèng

字的由来

"横"左边的"木"表示字的意思与木头等有关，右边的"黄"表示字的读音与它接近。

"横"最初指的是门闩，读音是第二声 héng，例如《乐府诗集·清商曲辞·子夜歌四十二首》之十五："摘（chī）门不安横，无复相关意。"诗句的大意是敞开门不安门闩，再也没有关上门的心思。

字的演变

由于门闩是一种横木，于是"横"随后就产生了与此相关的几种意思。

第一种是"跟地面平行的"，如"横杆、横梁、一条横幅"。

第二种是"地理上东西方向的"，比如"铁路线横贯茫茫戈壁"。

第三种是"从左到右或从右到左的"，例如"站成横排、写了一横行汉语拼音"。

第四种是"使物体成横向"，如"把车横过来放"。

第五种是"与物体较长的一边垂直的"，比如"人行横道、横纹 T 恤衫"。

第六种是"纵横交错、杂乱"，例如"横七竖八、横冲直撞"。

第七种是"汉字里平着由左到右的笔画",如"横竖撇捺"。

此外,在一些成语和文言词语里,比如"横行霸道、横征暴敛","横"也表示蛮横、凶恶等。而在一些地方话里,"横"也表示"反正""大概"等意思,例如:"你横不能说话不算数吧?""路有点远,天黑前横赶不到了。"

由纵横杂乱等含义,"横"又发展出"恣意妄为、粗暴、凶暴"等意思,读音也变成了第四声 hèng,如"横逆、蛮横、强横"。而恣意妄为的结果,很可能导致出乎意料的结果,于是"横"也可以表示"意外的、不吉利的",比如"横财、横祸"。

cáo 槽

·字的由来

"槽"左边的"木"表示字的意思与木头等有关,右边的"曹"表示字的读音与它接近。

"槽"最初指的是盛牲畜饲料的长条形器具,例如"马槽、猪槽",又如《晋书·宣帝纪》:"又尝梦三马同食一槽。"

·字的演变

随后,"槽"也指有凹槽的长方形或正方形的盛东西的器具,一般多用来盛装液体,如"水槽、酒槽"。

再往后,"槽"也指两旁高起、中间凹下物体的凹下部分,比如"河槽、在墙上开个槽走电线"。

另外,"槽"在一些地方话里还可以表示"门窗或屋内隔断的单位",以及"从小买进喂到大并卖出的一批猪",如"两槽隔扇""夏天这槽猪长得挺好"。

五 yīng 樱

字的由来

"樱"左边的"木"表示字的意思与树木有关,右边的"婴"表示字的读音与它接近。

"樱"最初指的是果实"樱桃"。例如西晋左思《蜀都赋》中的"朱樱春熟,素柰(nài)夏成",句子的意思是樱桃春天成熟,而"柰"则是夏季成熟。

按照现代一般工具书的解释,"樱桃"应当既指樱桃树这种落叶乔木,也指它的果实。

"樱"字为什么会写成这种字形,为什么会形成这种读音,也有很多有趣的解释。

有一种说法认为,因为樱桃与桃子相似而果实个儿小,所以就用了"婴儿"的"婴"来表示"小"。

而"樱"的读音则和一种鸟有很大关系。这种鸟就是"两个黄鹂鸣翠柳""草长莺飞二月天"中那种既叫"莺"也叫"黄鹂""黄莺"的鸟。据说黄莺喜爱吃樱桃,口中常常含着樱桃飞来飞去,于是,"樱桃"也就有了另外两种名称:"含桃"和"莺桃"。

字的演变

"樱"也可以指"樱花",关于"樱",唐代诗人白居易写过一首《酬韩侍郎、张博士雨后游曲江见寄》,诗中有"小园新种红樱树"。诗中提到的"红樱",其实就是现在的"樱花"。

三 xiàng

字的由来

"橡"左边的"木"表示字的意思与树木有关，右边的"象"表示字的读音与它接近。

"橡"最初指的是橡树，也称"栎（lì）树"的果实，即"橡子"，也叫"橡实"。而按照现在工具书的解释，一般认为"橡"指的是一种落叶乔木以及它的果实，也就是橡树和橡子，例如《庄子·杂篇·盗跖（zhí）》："古者禽兽多而人少，于是民皆巢居以避之，昼拾橡栗，暮栖木上。"句子说的是远古的时候动物多而人少，所以人们为了躲避动物，就在树上搭建简易住所，白天捡橡子充饥，傍晚就到树上居住。

字的演变

"橡"也用于"橡胶树"，这是一种常绿乔木，它的乳状汁液经过凝固和干燥可以制成天然橡胶。

四 zhāng

字的由来

"樟"左边的"木"表示字的意思与树木有关，右边的"章"表示字的读音与它接近。

"樟"最初指的是一种常绿乔木，木质坚硬细致，有香气，做成箱、柜等家具可以防止虫蛀，如"樟木箱"。

橄 | gǎn

字的由来

"橄"左边的"木"表示字的意思与树木有关,右边的"敢"表示字的读音与它接近。

"橄"用于"橄榄",可以参见"榄"的相关解说。

橱 | chú

字的由来

"橱"左边的"木"表示字的意思与树木有关,右边的"厨"表示字的读音与它接近。

"橱"最初指的是一种放置、收藏衣服物品等的家具,一般里面有格子,前面有门,如"橱柜、橱窗、衣橱、书橱、碗橱"。

"厨"在古代除了表示厨房,后来也有"储备食物的处所"这样的含义,所以,也有文献解释说"橱"是在"厨"的基础上产生的。

橙 | chéng

字的由来

"橙"左边的"木"表示字的意思与树木有关,右边的"登"表示字的读音与它接近。

"橙"最初指的是一种常绿乔木或灌木,也指这种植物的果实。果实通常称"橙子"，品种多样，如"脐橙、甜橙、血橙"。

关于"橙"这个字的由来，根据《康熙字典》记载，宋代文人、陆游的祖父陆佃（diàn）编著的《埤（pí）雅》中说："橙可登而成之，故字从登。"按照这种意见，再参照古代其他文献，"橙"这种植物相对于柑橘类的其他树种而言，树形比较高大，所以在高高的枝头上所结的果实也就隐含了"登高"的寓意，因此"橙"字的右边是"登"字。

·字的演变

由于橙子的果皮基本上是介于红、黄两种颜色之间的橘红色，所以"橙"后来也就可以表示这种颜色了。

三 jú

橘

·字的由来

"橘"左边的"木"表示字的意思与树木有关，右边的"矞"（yù）表示字的读音与它接近。

"橘"最初指的是一种常绿乔木及其果实，也称"橘子"，如"橘皮、蜜橘、柑橘"。

字里字外

橘子这种植物深受古人喜爱，例如屈原就写过《九章·橘颂》，诗的一开头就是："后皇嘉树，橘徕服兮。受命不迁，生南国兮。"诗句的大意是橘树是天地之间美好的树木，它很适应楚国的土地，而且命中注定不会迁移，只会深深扎根在南国的大地。显然，诗人之所以歌颂橘树，是因为它热爱并忠实于养育它的土地。

仿佛与此呼应，《晏子春秋·内篇杂下》有一句："橘生淮南则为橘，生于淮北则为枳（zhǐ）。"句子的意思是橘树生长在淮南，结出的果实是又香又甜的橘子；而如果把它移植到淮北，结出的果实就成了又酸又涩。

檬 | méng

·字的由来

"檬"左边的"木"表示字的意思与树木有关，右边的"蒙"表示字的读音与它接近。

"檬"最初指的是一种落叶小乔木或灌木，也称"黄槐"，是观赏树木，树叶和种子也可以入药，具有清凉解毒、润肺润肠的作用。

·字的演变

"檬"也用于"柠檬"，具体可参考关于"柠"字的解释。

檐 | yán

·字的由来

"檐"左边的"木"表示字的意思与木头等有关，右边的"詹"表示"檐"在古代的读音与它接近。

"檐"最初指的是屋顶向旁边伸出的边沿部分，即屋檐，例如陶渊明《归园田居》："榆柳荫后檐，桃李罗堂前。"诗句描写的是后院榆树和柳树遮蔽了房屋后面的房檐，而前院的厅堂前则种着桃树和李子树。

·字的演变

"檐"也可以表示某些物品上形状像房檐的部分，比如"帽檐"等。

三 | tán

·字的由来

"檀"左边的"木"表示字的意思与树木有关，右边的"亶"（dǎn）表示字的读音与它接近。

"檀"最初指的是一种落叶乔木，木质坚硬，可以用来制作家具、乐器等。例如《诗经·魏风》中就有一篇《伐檀》，开头便是"坎坎伐檀兮"。

·字的演变

"檀"也用于"檀香"，并且也是"檀香"的简称。这是一种常绿乔木，也称"香木檀"，其木质坚硬，有香气，可以用来制作器具及香料等，也可以入药。

另外，"檀"在古代也可以表示浅红色、浅赭（zhě）色等，比如唐朝诗人罗隐《牡丹》中的"红蕊当心一抹檀"，诗句描写的是红牡丹。又如近代文学家苏曼殊《本事诗》之一中的"桃腮檀口坐吹笙"，句中"檀口"相当于"红唇"。

支部

"支"最初指草木的枝条、枝茎等,但是,后来又造出了"枝"这个字表示这种意思,因此,"支"就不再表示这种意思了,而是以这种意思为基础,主要用来表示事物的分支等。

归入"支"这个部首的"翅",意思上与"支"无关,"支"只是表示"翅"的读音与它接近。另外,"支"在其他一些汉字里,如"技、歧、吱、肢"等,也都表示这些字的读音与它接近。

| 一 | zhī |

·字的由来

"支"在篆文中写成🖿等，由近似"十"的部分和"又"构成，像"十"的部分表示竹子的枝条，"又"则表示手，上下合在一起，表示手里握着或拿着竹枝。

"支"最初指的是草木的枝条、枝茎，比如《诗经·卫风·芄（wán）兰》中的"芄兰之支"。但是，后来又造出了"枝"这个字表示这种意思，因此，"支"就不再表示这种意思了。

·字的演变

由于最初表示枝条等，所以，"支"后来就产生了"整体中的一部分、分支、支派"这类含义，例如"支队、支流、支系、支脉、支线、旁支"。

随后，"支"也可以表示杆状物品、部队、乐曲歌曲等的数量，如"一支笔、两支队伍、三支圆舞曲"。"支"也被用来表示纱线的粗细程度以及电灯的光度，如"15支光的灯泡"。

"支"也用于中国传统历法的"地支、干支"，地支包括"子、丑、寅、卯、辰、巳、午、未、申、酉、戌、亥"。

另外，由于树枝等总是向上生长并具有一定的支撑作用，因此，以这类意思为基础，"支"后来也产生了以下几种意思。

第一，伸出、竖起等，例如"支一根天线、支起耳朵仔细听"。

第二，撑、支撑等，比如"支帐篷、用圆木支着墙"。

第三，支持，如"支援、支前、体力不支"。

第四，调度、指使等，比如"支配、把几个人支去帮忙"。

第五，付出或领取钱款，如"支取、支了一笔书本费"。

翅

一 | chì

·字的由来

"翅"左下部分的"支"表示字的读音与它接近,右上部分的"羽"表示字的意思与羽毛有关。

"翅"最初指的是鸟类或昆虫等用来飞行的器官,即翅膀、羽翼,例如《楚辞·哀时命》:"为凤皇作鹑(chún)笼兮,虽翕(xī)翅其不容。"诗句的大意是给凤凰做一个安置鹌鹑的笼子,那么就算凤凰收紧了翅膀,这样的笼子也放不下它。

·字的演变

"翅"也可以表示物体上面形状像翅膀的部分,如"纱帽翅"。"翅"还可以表示"榆钱"等"翅果"向外伸出的呈翅状的果皮。

"翅"也是鲨鱼鳍(qí)——"鱼翅"的简称。由于人们习惯上把"鱼翅"当作非常珍贵的食材,所以导致了为获取鱼翅而过度捕杀鲨鱼的现象。多年来,社会各界一直在呼吁大众共同抵制和拒绝食用鱼翅。

犬（犭）部

"犬"在甲骨文中写成 㹜 等，描画的是狗的形状。它最初指的就是"狗"。

"犬"在构成汉字的时候，还存在着一种变形"犭"，一般出现在字的左边。

现在被归到"犬"部的字，大致有几种情况。

一是字的意思与"犬"的形态、习性或者行为等有关，如"狗、狐、狼、狂、独、哭、猜"。

二是字的意思与"动物"有关，比如"狮、猫、猬、猩、猿"。

但是，由于把汉字归入不同部首的规则所限，一些包含"犬"，而且字的意思同样与犬有关的字，却被归入了其他部首，如"吠、臭（xiù）"等。

| quǎn |

字的由来

"犬"在甲骨文里写成 ,描画的显然是一种动物。在金文里的 这种字形表现得更加明显。

"犬"最初指的就是也称"狗"的一种哺乳动物,如"犬舍、警犬、导盲犬",又如陶渊明《桃花源记》:"阡陌交通,鸡犬相闻。"

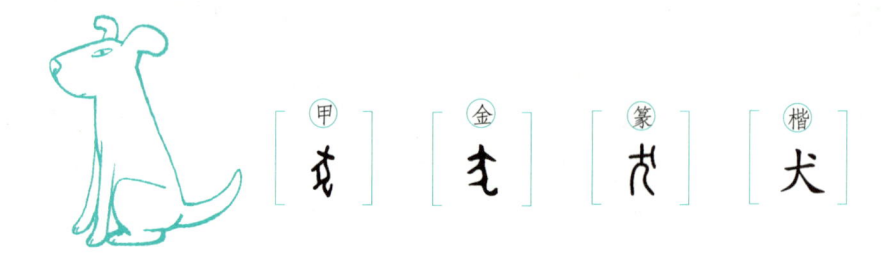

[甲] [金] [篆] [楷]

字里字外

《说文解字》对"犬"的解释是:"狗之有悬蹄者也。"这个解释让我们了解到"犬"与"狗"是同类,但是"悬蹄者"是什么意思呢?

一般认为,"悬蹄"表示的应当是狗的某种特征,而且对于这一特征大致有两种解释:一种意见认为指的是狗跷起后腿撒尿这种特性;另一种意见则认为指的是成年犬的后蹄比幼犬多了两个不接触地面的脚趾。当代文物专家王世襄在《獾狗篇》中曾说:"十八个脚趾的为'狗',二十个脚趾的为'犬'。犬在后腿上比狗多两个不着(zháo)地的脚趾。"由此可见,古人造字时观察事物有多么精细,同时也告诉我们,"犬"最初指的是成年犬。

三 fàn

犯

·字的由来

"犯"左边的"犭"表示字的意思与犬有关，右边的"㔾"（jié）表示"犯"在古代的读音与它接近。

"犯"最初的意思是侵犯，本来指的是狗侵袭人或其他动物，随后也表示一切侵袭行为，例如"进犯、秋毫无犯"，又如《汉书·赵尹韩张两王传》："吴起为魏守西河，而秦韩不敢犯。"句子说的是春秋战国时期著名武将吴起在担任魏国"西河郡守"期间，秦国和韩国都不敢贸然进犯魏国。

·字的演变

由表示侵犯，"犯"后来也产生了以下几种意思。

第一是抵触、违反等，比如"犯规、犯法、犯了众怒"。

第二是罪犯，如"囚犯、盗窃犯、诈骗犯"。

第三是发作、发生，例如"犯病、犯愁、犯网瘾、关节炎又犯了"。

三 kuáng

狂

·字的由来

"狂"左边的"犭"表示字的意思与犬有关，右边的"王"以前写成"㞷"（huáng），它和"王"都表示"狂"的读音与它们接近。

"狂"最初指的是狗发疯，大概类似狗的"狂犬症"，例如《汉书·五行志中》中的"旱岁犬多狂死及为怪",大意是大旱之年,许多狗患了疯病而死亡,而且还有其他一些怪异现象。

字的演变

"狂"后来也表示"精神失常、疯狂",比如"狂躁、狂徒、猖狂、丧心病狂"。不过,杜甫《闻官军收河南河北》"漫卷诗书喜欲狂"一句中的"狂"是表达喜悦心情的一种夸张手法,意思是极度喜悦。

再往后,"狂"也产生了下列几种意思。

第一是狂妄,如"狂傲、口出狂言"。

第二是猛烈、声势大等,比如"狂风、一路狂奔"。

第三是纵情地、无拘束地等,如"狂欢节、心中狂喜"。

三 yóu

字的由来

"犹"左边的"犭"表示字的意思与犬有关;右边以前写成"酋",后来在民间出现了写成"尤"的字形,汉字简化的时候就采用了"犹"这种字形,"酋"和"尤"都表示"犹"的读音与它们接近。

"犹"最初指的是一种猴类动物,因为它的四足像狗,所以字里面就包含了"犭"。这种动物也称"犹猢(hú)",例如《水经注·江水》:"山多犹猢,似猴而短足,好(hào)游岩树。"

字的演变

"犹"后来主要被借去表示"如同",比如"过犹不及、虽死犹生",

又如《三国志》里刘备称赞诸葛亮："孤之有孔明，犹鱼之有水也。"大意是说我有了诸葛亮，就如同鱼有了水一样。

与此同时，"犹"还可以表示"尚且、还"等，如"记忆犹新"，又如杜甫《石壕吏》："犹得备晨炊。"句子的意思是还能准备早饭。

狈

bèi

字的由来

"狈"左边的"犭"表示字的意思与犬有关，右边的"贝"表示字的读音与它接近。

"狈"最初指的是一种与狼近似的动物，就像一些古代文献所说的："生子或欠一足、二足者，相附而行，离则颠，故猝（cù）遽（jù）谓之狼狈。"这几句话的大意是"狈"这种动物生下来的时候少了一条腿或两条腿，所以需要互相扶持着走路，否则就会一瘸一拐的，所以仓促之间就被称作"狼狈"了。

不过，这类说法也许只是一种想象。因为"狈"在一些古代文献中也写成"跟"，而这个字本来的意思是两只脚天生向外分开，有点"外八字脚"的意味，所以表示行走不顺畅。而且在古代还存在着读音与"狼狈"相近的"躐（liè）跋、赖跟"等词语，它们的意思基本上也都是行走不稳、不顺等。因此，"狼狈"由于瘸腿而依附在一起行走的传闻，或许正是因为前面提到的这些词语原本就有行走不顺的含义，而且它们恰好又和"狼狈"的读音比较接近，所以后来就产生了把"狈"说成是天生带有生理缺陷的某种动物这样的解释了。

| = | hú |

字的由来

"狐"在甲骨文中写成 等，由"犬"以及它腹部的"亡"构成，"犬"表示字的意思与犬有关，"亡"在古代有 wú 这样一种读音，表示"狐"的读音与它接近。到小篆的时候，"亡"被"瓜"替代，"瓜"同样表示"狐"在古代的读音与它接近。

"狐"最初指的是一种外形像狗的哺乳动物，即狐狸，如"银狐、狐假虎威"，又如《史记·赵世家》："吾闻千羊之皮，不如一狐之腋。"这句话一方面表明狐狸的毛皮十分珍贵，另一方面也说明成语"集腋成裘"中的"腋"，指的就是狐狸腋下的毛皮。

| 甲 | 篆 | 楷 |

字里字外

虽然狐狸给人的印象常常是狡猾、多疑，但是古代有一种说法叫"狐死首丘"，大致意思是狐狸将要死去的时候，通常都会把头朝向自己出生的山丘，然后再倒下，以此表明它们对家的思念、依恋与忠诚。狐狸这种传说中的天性，古人非常赞赏，例如曹操在《却东西门行》中写道："狐死归首丘，故乡安可忘！"

一 | gǒu

字的由来

"狗"在金文中写成 🐾 等，由"犬"和"句"，也就是"勾"的古文字形构成。"犬"无疑表示"狗"这个字的意思与犬有关，而"句"由于最初原本读作 gōu，所以一来表示"狗"的读音与它接近，同时也有很多人认为它与"狗"的意思也有关联。下面就是两种颇具代表性的意见。

第一种意见认为"句（勾）"有"弯曲"和"小"的意思，而这些意思都很符合小狗本身就小，而且幼小的时候也常常蜷缩身体的特征。

第二种意见认为"句（勾）"与"叩"读音相近，而"叩"原本有"接触"的含义，所以"句"体现了狗经常接触物体闻气味，嗅觉灵敏的特征。

的确，"狗"最初指的正是幼犬，清代段玉裁的《说文解字注》里面有一段话："未成豪，狗。与马二岁曰驹、熊虎之子曰豞（gǒu）同义。皆谓稚也。"大意是还没长出硬毛的就是"狗"，这就像小马叫"驹"、熊崽和虎崽叫"豞"一样，说的都是"幼小"。这种解释在古代极具代表性，因为许多古代学者都认为，虽然"犬、狗"一般都可以用来表示这一类动物，但是若要细分起来，那么"犬"专指成年狗，而"狗"则用来表示幼犬。

[金] [篆] [楷]

字的演变

现在，"狗"和"犬"在意思上则完全没有年龄大小这样的分别了，都可以表示这种动物，比如"小狗、大狼狗""幼犬、牧羊犬"等。

狞 níng

字的由来

"狞"左边的"犭"表示字的意思与犬有关,右边的"宁"表示字的读音与它接近。

"狞"按照有些古代文献的解释,它用于"狰狞"的时候,表示狗毛,同时也表示凶恶。当然,"狞"也可以单独使用,意思也是凶恶,如"狞笑",又如茅盾的长篇小说《子夜》:"他的狞厉的眼睛上面两道浓眉毛簌簌地在动。"

五 狭 xiá

字的由来

"狭"左边的"犭"表示字的意思与犬有关,右边的"夹"(jiā)表示字的读音与它接近。

"狭"最初指的是宽度或范围很小,也就是狭窄、狭隘等,如"狭长、狭小、狭路相逢",又如陶渊明《桃花源诗并记》:"山有小口,仿佛若有光。便舍船从口入。初极狭,才通人。"

从字形上看,"狭"有两点需要说明。

一是字形中为什么包含"犭"。这个问题可以从两个方面说。

一方面是古代还存在着由"阝(fù)、厂(hàn)"等偏旁和"夹"构成的字,它们同样表示"窄"这种意思,可见"狭"只是其中的一种字形。

另一方面是"阝、厂"原本同山或山崖有关,所以它们应当与"窄"的意思有联系。因此,"犭"应当也同"窄"的意思有关。而从"犬"的习性看，它们与人显然比较亲近，而距离近也就意味着宽度小。另外，根据一些人的研究，"犬"由于和人太过亲昵，同时对主人之外的其他人又比较厉害，所以它们既有讨好主人的一面，也有对别人凶的一面，因此，许多包含"犭"的字都有不太好的含义。或许这也是用"狭"表示"狭窄、狭隘"这类意思的一个原因。

二是"夹"的问题。现在我们使用的"夹"字，其实以前有"夾"和"夾"两个来源。前者读 jiā 等，最初表示两边的两个人搀扶着中间的人；后者则读 shǎn，最初意思是人偷窃了东西之后藏在怀里。而前一个字由于表示两个人夹着另一个人，所以它本身就有彼此之间距离近的含义，所以，"夹"（jiā）原本也同"宽度小、范围小"这种意思有关。

三 shī

字的由来

"狮"左边的"犭"表示字的意思与犬有关，右边的"师"表示字的读音与它接近。

"狮"最初指的是一种体形较大的哺乳动物，也是一种猛兽，即狮子。据说这种动物是汉朝的时候，当时西域三十六国之一，"疏勒国"的国王派使者出使汉朝时作为礼物赠送给汉朝的。

另外，根据古代一些文献的解释，"狮"又被解释成"犬生二子"，所以"狮"字里面便包含了"犭"。

| ㄉㄨˊ | dú |

独

字的由来

"独"左边的"犭"表示字的意思与犬有关，右边以前写成"蜀"，后来出现了把"蜀"省略成"虫"的字形，汉字简化的时候就采用了这种比较简单的字形。"蜀"以及它后来的省略形式都表示"独"的读音与"蜀"接近。

古人解释说："犬好（hào）斗，好斗则独而不群。"这句话的意思是说狗生性比较好斗，因此适合独处（chǔ）而不适合群居。

"独"最初的意思是单独、单个、一个等，例如"独角兽、独木桥、无独有偶、独木不成林"。

字的演变

在古代，"独"也专门表示"年老而没有子女的人"，比如《孟子·梁惠王下》："老而无子曰独。"

而无论人与事，如果只有一个，肯定就比较孤单，于是"独"随之也产生了"独自、孤单"等含义，例如"独唱、孤独、独占鳌头、独断专行"，又如杜甫《登高》："百年多病独登台。"

"独"也可以表示唯独、仅仅，如北宋科学家沈括《梦溪笔谈》："谢灵运为永嘉守，凡永嘉山水，游历殆遍，独不言此山。"句子说的是南北朝时期文学家谢灵运在浙江永嘉做官的时候，走遍了当地的山山水水，但是却唯独没有提到过这座山。

"独"还可以表示独特地、与众不同，例如"匠心独运、特立独行"。

如果一个人只是为自己着想，那就属于一种自私的表现了，所以，"独"也表示"自私、容不得人"等意思，如："他在球场上太独了，很少传球给队友。"

字里字外

中国自古就存在着"君子慎独"的说法，意思是有品行的人，自己一个人待着的时候也会十分谨慎，不会因为没有人看见就放松对自我的要求。

狰 | zhēng

·字的由来

"狰"左边的"犭"表示字的意思与犬有关，右边的"争"表示字的读音与它接近。

"狰"最初有两种意思：一种指的是有翅膀的狐狸，即飞狐；另一种是形状像豹子的一种动物。但是，这两种意思现在都已经不再使用了。

"狰"也用于"狰狞"，具体内容请参看前面的"狞"字。

狡 | jiǎo

·字的由来

"狡"左边的"犭"表示字的意思与犬有关，右边的"交"表示字的读音与它接近。

"狡"最初指的是少壮的狗。与此同时，如《山海经》等古代文献，也说"狡"是一种"其状如犬而豹文，其角如牛"的动物，其中"豹文"指的是豹子身上的花纹。然而，这两种意思现在都已经不再使用了。

·字的演变

由表示正当壮年的狗,"狡"后来也产生了"健壮、勇猛、矫健、敏捷"等意思,例如三国时期曹植的《白马篇》中的"狡捷过猴猿",意思是矫健、敏捷超过猴和猿。只是这些意思现在也很少使用了。

由于思维方面的敏捷往往接近狡猾,因此,"狡"后来也可以表示"奸诈、狡猾"等意思了,比如"狡诈、狡辩、狡黠(xiá)"。

五 狱 yù

·字的由来

"狱"左边的"犭"和右边的"犬"都表示字的意思与犬有关,中间的"讠"则表示字的意思也同言语有关。

"狱"最初的意思是争论,字形含义是就像两只犬争斗一样用言语争辩,而且特别指官司中的争论,例如《周礼·秋官司寇》中的"以两剂禁民狱",大意是用双方签订合同的方式,减少以至消除民间由于没有买卖合约而引起的纠纷、争执和官司。句中的"剂"在古代指买卖合同或契约。

·字的演变

由于跟官司有关,所以,"狱"后来就产生了"牢狱、监狱"的意思,比如"狱卒、出狱、劫狱、越狱"。

"狱"也表示官司、罪案等,如"冤狱、文字狱"。

狠 hěn

字的由来

"狠"左边的"犭"表示字的意思与犬有关，右边的"艮"（gèn）表示字的读音与它接近。

"狠"最初指的是犬争斗时发出的声音，读音是 yín 或者 yán，随之也表示争斗，读音变成了 hěn。但是，这两种意思现在已经都不再使用了。

字的演变

由表示争斗，"狠"后来就产生了与此相关的几种意思。

第一是凶恶、残忍等，比如"狠毒、心狠手辣"。

第二是厉害、严厉等，例如"狠批上车不排队这种歪风"。

第三是竭尽全力、拼命等，如"狠踩刹车、狠抓体育锻炼"。

第四是下定决心、控制情感等，比如"下狠心戒掉网瘾"。

哭 kū

字的由来

"哭"在甲骨文里写成 等，在金文里写成 等，字的两边都有"口"，两个"口"合在一起组成的"吅"（xuān）有嘈杂、喧哗的意思，所以表示"哭"的意思与喧闹有关；字的中间则都是人的形象，所以表示"哭"的意思与人有关。后来，人的形象逐渐演变成了字形与"人"接近的"犬"，比喻喧叫声像犬一样，于是形成了现在我们使用的"哭"。

"哭"最初指的是人悲痛出声、哀哭等，例如"哭诉、痛哭、哭鼻

129

子、哭哭啼啼",又如《论语·先进》:"颜渊死,子哭之恸(tòng)。"句子说的是孔子的弟子颜渊离世了,孔子哭得很悲痛、伤心。

[甲] [金] [篆] [楷]

字里字外

三国时期有一位名叫孟宗的青年,他的母亲生了病,忽然想吃竹笋,但那时正值冬天,竹林里没有竹笋,于是,一直非常孝顺母亲的孟宗,因为母亲吃不上竹笋而忧愁伤心,徘徊在竹林里的时候不禁放声痛哭。他哭着哭着,却欣喜地发现竹林里长出了竹笋,于是他便高高兴兴地挖了竹笋去给母亲吃。结果母亲吃过竹笋后,身体竟然也奇迹般地痊愈了。因此,"哭竹"就成了孝顺父母的一个典故。

二 lí

狸

·字的由来

"狸"左边的"犭"以前也有写成"豸"（zhì）的，它们都表示"狸"的意思与动物有关；右边的"里"以前也有写成"来"的，它们则都表示"狸"的读音与它们接近。

"狸"最初指的是一种野猫，也称"豹猫、山猫、狸猫、狸子"等，例如《庄子·秋水》："骐（qí）骥（jì）、骅（huá）骝（liú）一日而驰千里，捕鼠不如狸狌（shēng），言殊技也。"句中"骐骥、骅骝"指的都是骏马，"狌"读shēng的时候指的是"黄鼠狼"，读xīng的时候则指类似猿猴的动物。句子的大意是骐骥、骅骝都是日行千里的骏马，但是如果让它们捉老鼠，它们却比不上狸猫和狌，这是因为不同动物原本就各有所长，不会完全一样。

另外，也有一些意见认为"狸"在甲骨文、金文里存在着包括象形字在内的其他字形，但是目前还没有形成统一意见。

·字的演变

"狸"在古代也指"黄鼠狼"，不过这种意思现在已经不再使用了。

"狸"还用于"狐狸"，具体内容请参看前面的"狐"字。

狼 láng

字的由来

"狼"左边的"犭"表示字的意思与犬有关,右边的"良"表示字的读音与它接近。

"狼"最初指的是一种外形像狗的哺乳动物,据科学研究,"狼"原本就是狗的前身,是人类把野生动物"狼"其中的一部分驯化成了后来的狗,并且又不断繁衍出不同的种类。

字里字外

"狼烟"指的是古代边防报警用的烽烟,因为最初是用点燃狼粪升起烟雾的方式让远处的人们看到,所以就有了"狼烟"的称呼,例如晚唐时期文人段成式《酉阳杂俎(zǔ)·广动植》:"狼粪烟直上,烽火用之。"

后来,"狼烟"也表示战火,比如明朝武将郭登的《又过镇南州》:"万里狼烟去复回,征衫风露黯黄埃。"句子描写的是万里征战的疆场生涯,风餐露宿,铠甲上也沾满了尘土。

猜 cāi

·字的由来

"猜"左边的"犭"表示字的意思与犬有关，右边的"青"表示"猜"在古代的读音与它接近。

"猜"按照古人的解释，它最初原本用于表示狗的行为，后来也用于人。"猜"最初的意思是猜忌、起疑心等，例如"猜疑"，又如李白著名的《长干行》其一："同居长干里，两小无嫌猜。"这首诗便是后来"两小无猜"这种说法的源头。

·字的演变

由表示猜疑，"猜"后来也产生了"根据不明显的线索或者凭想象来寻找正确的解答"这类含义，即揣测、猜测等，比如"猜谜、猜想、知识竞猜"。

猪 zhū

·字的由来

"猪"左边的"犭"以前写成"豕"（shǐ），后来在民间出现了"猪"这样的字形，汉字简化的时候就采用了这种字形。"豕"原本就表示"猪"，所以表示字的意思与猪有关；而"犭"则宽泛地表示"猪"的意思与蓄养的动物有关。"猪"右边的"者"表示"猪"在古代的读音与它接近。

"猪"指的是一种家畜，最初称作"豕"，而且古代的时候在不同地区还存在着不同的名称,后来又出现了"猪"这种比较通用的名称,比如"猪毛、养猪、黑猪、猪尾巴"。

字里字外

猪八戒是明代文学家吴承恩创作的《西游记》中的人物,他原本是天宫里的"天蓬元帅",却因违犯天条而被贬到人间,结果误投猪胎成了人猪混合的模样,后来成为唐僧的弟子并随唐僧去西天取经。在文学作品以及后来的影视作品中,猪八戒基本上都是一个喜剧性人物。

三 liè 猎

字的由来

"猎"有两个来源:一个是这种字形本身;另一个是以前右边写成"巤"(liè)的字形。

第一个来源的"猎"有两种读音:读 xī 的时候表示一种类似熊的动物;读 què 的时候表示一种良犬。这两种意思现在都不再使用了。

第二个来源的"猎",左边的"犭"表示字的意思与犬有关,右边的"巤"表示"猎"的读音与它接近。这个来源的"猎"最初的意思是捕捉野兽、打猎等,例如"猎人、猎狗、猎枪、捕猎、围猎"。

《诗经·魏风·伐檀》中有一句:"不狩(shòu)不猎,胡瞻尔庭有县(xuán)貆(huán)兮?"大意是,从来也没见过你去打猎,但是为什么在你家的庭院里却看到悬挂着豪猪?这是说奴隶主不劳而获,压榨民众。

从字形来看，汉字简化的时候，由于"蜡、腊"等字右边的"昔"原本就是"䐗"简化的结果，所以，"猎"也就比照这种方式简化成"猎"了。

字的演变

由于打猎本身就包含着搜寻等含义，于是，"猎"后来也产生了"搜寻、物色"等意思，比如"猎奇、猎头公司"。

"猎猎"表示风声或者旗帜等被风吹的声音，与"猎"本身的意思没有任何关系，如"红旗猎猎、北风猎猎"。

猫 — māo

字的由来

"猫"左边的"犭"以前也有写成"豸"（zhì）的，它们都表示"猫"的意思与动物有关；右边的"苗"则表示"猫"的读音与它接近。

"猫"最初指的是一种我们常常能够见到的哺乳动物，而且常常还成为家养的宠物，善于捕鼠，读音是第一声māo，例如"猫叫、花猫、小猫、猫爪子、流浪猫"。

字的演变

"猫"在一些地方话里还表示蹲或者蹲伏，其实意味着"躲藏或者闲待"等，比如"猫冬、藏猫猫、猫在屋里看书"。

"猫"现在也指"把电脑等设备接入网络的调制解调器"，是按读音相似的方式翻译英文的modem。

猖 chāng

字的由来

"猖"左边的"犭"表示字的意思与犬有关,右边的"昌"表示字的读音与它接近。

"猖"一般用于"猖狂、猖獗"等,很少单独使用。

猛 měng

字的由来

"猛"左边的"犭"表示字的意思与犬有关,右边的"孟"表示字的读音与它接近。

"猛"最初指的是健壮的犬,但是这种意思一直很少使用。随后,"猛"也可以表示凶猛、勇猛等,比如"猛犬、猛兽、威猛",又如汉高祖刘邦的《大风歌》:"安得猛士兮守四方!"

字的演变

以"凶猛、勇猛"为基础,"猛"后来又产生了"猛烈""把力气集中地使出来"以及"突然、忽然"等含义,例如"风势很猛、炮火特别猛""一股猛劲、猛打方向盘""猛然、猛不防、猛地一下门开了"。

猩 = xīng

字的由来

"猩"这个字左边的"犭"表示字的意思与犬有关，右边的"星"表示字的读音与它接近。

"猩"按照古代文献的解释，它最初有两种意思：一种意思是狗叫声；另一种意思是指一种体形像狗、面孔似人的哺乳动物，即猩猩。但是，前一种意思一直很少使用。例如《礼记·曲礼上》里面有一句："猩猩能言，不离禽兽。"句子的大意是就算猩猩会说话，它也依然是野兽。联系上下文，这是告诫人们要注重品德修养，因为只有人才可以通过修身立德成为君子，这是人的天赋所决定的，而任何动物都不具备成为"君子"的基因。如果人不注重自身的品行，那么，也就和动物没什么不同了。

猬 = wèi

字的由来

"猬"这个字最初写作"彙"，后来又演变成"汇"的一种繁体字形"彙"，读音也是huì。后来则出现了由"虫、豸"以及"犭"等和"胃"构成的字形，读音则是在古代与huì接近的wèi，左边的"犭"或"虫、豸"等都表示"猬"的意思与动物有关，右边的"胃"则表示字的读音与它接近。

"猬"最初指的是身上长满硬刺的哺乳动物，即刺猬，例如杜甫《前苦寒行二首》："汉时长安雪一丈，牛马毛寒缩如猬。"诗句描写的是大雪覆盖长安城，牛马等牲畜由于寒冷而像刺猬一样地蜷缩着身体。

| 四 | huá |

·字的由来

"猾"左边的"犭"表示字的意思与犬有关，右边的"骨"表示"猾"在古代的读音与它接近。

"猾"最初指的是扰乱，例如《三国志·魏书·董二袁刘传》中的"虽黄巾猾乱"，大意是说西汉末年"黄巾军"扰动当时的封建统治。但是，"猾"的这种意思现在已经不再使用了。

·字的演变

"猾"也表示狡诈、奸诈等，比如《史记·高祖本纪》："项羽为人僄（piào）悍猾贼。"句子的大意是楚霸王项羽敏捷勇猛、奸猾狡诈。

"猾"之所以包含"犭"，或许就像前面"狭"字里面提到的原因，与人们对犬的认识有关。具体情况请参看前面的"狭"字。

| 一 | hóu |

·字的由来

"猴"左边的"犭"表示字的意思与犬有关，右边的"侯"表示字的读音与它接近。

"猴"最初指的是一种善于攀缘跳跃的哺乳动物，即猴子。按照《吕氏春秋》等古代文献的说法，狗和猴类动物有相似之处，所以"猴"字里面便包含了"犭"。

·字的演变

"猴"在一些地方话里也表示"乖巧、机灵"以及"像猴子似的蹲着"，比如"猴儿精、这孩子猴得很""他猴在台阶上晒太阳"。

献 xiàn

字的由来

"献"在甲骨文里写成 等，左边是表示容器的"鬲"(lì)，右边是"犬"；到了金文中，写成 ，左上角又多了表示虎头的"虍"；再到小篆中，写成 ，字形继承金文，左边演变成了"鬳"(yàn)；再往后，民间又出现了把"鬳"写成"南"的字形，而在汉字简化的时候，就采用了这种字形，于是形成了现在我们使用的"献"。

"献"以前字形中的"鬲"表示字的意思与器皿有关，而"犬"和"虍"则表示字的意思与动物有关。如果按照小篆字形，也可以认为左边的"鬳"表示字的读音与它接近，右边的"犬"则表示字的意思与犬有关。"献"最初指的是祭祀时敬献给"神灵"、祖先的包括狗在内的牲畜祭品，随之也表示用牲畜等祭祀、供奉，以及一般的祭祀和供奉，例如《周礼·夏官司马》："献禽以祭社。"句子说的是供奉禽类祭祀土地神。

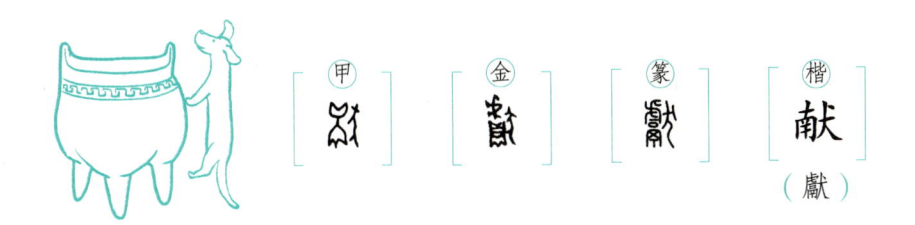

甲	金	篆	楷
			献 (獻)

字的演变

祭祀是十分郑重的事情，于是，"献"后来就产生了"恭敬庄严地送"这样的意思，比如"献花、献礼、奉献、贡献、捐献、献哈达"，又如《史记·项羽本纪》："谨使臣良奉白璧一双，再拜献大王足下。"句中"良"是刘邦的谋臣张良对自己的称呼。

进献任何东西给他人，其实都是一种心意的体现，"献礼"和"献歌"本质上都是为了表达自己的心意,因此,"献"也可以表示"表现给人看",如"献技、献艺、献殷勤、献歌一曲"等。

五 | yuán 猿

字的由来

"猿"最初左边是"虫"或者"犭",右边是"爰"(yuán),后来又出现了"猨"这种字形。"虫"或者"犭"都表示字的意思与动物有关,这里的"虫"并不局限于昆虫,因为古代连老虎都曾经叫"大虫";"爰"和"袁"则都表示字的读音与它们接近。但是,也有意见认为,"爰"与"援"有关,所以也表示"猿"与"攀缘"这种意思有关。

"猿"最初指的是一种善于攀缘的哺乳动物,与猴子相似,但比猴子大。就像前面"猴"字里面提到的,由于古人认为猿与犬有类似的地方,所以字里面就包含了"犭"。诗仙李白的名篇《早发白帝城》早已脍炙人口,其中"两岸猿声啼不住,轻舟已过万重山"两句,就描写了长江两岸山林中的猿猴。

歹（歺）部

"歹"原本写成"歺"，读音是è，表示"去掉肉的残骨"，在楷书中作为偏旁使用时，写成"歹"。因此，包含"歹"的汉字，在意义上大多跟死亡、凶灾等不好的事情有关，比如"死、歼、残、殃"。

五 dǎi

·字的由来

"歹"在甲骨文中写成 等，像剔除筋肉后的残骨，旁边的点表示碎屑。后来，在演变过程中，字形的下部逐渐向左倾斜，上面连成一横，就成了今天这样的写法。

"歹"最初表示"残骨"，读音也跟现在不同。不过，它的这一意义和读音很久以前就不再使用了。

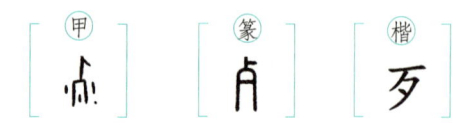

[甲] [篆] [楷]

·字的演变

后来，"歹"的字形被借用，表示"坏、恶"的意思。据考证，这个字眼最初源自北方少数民族，后来被广泛使用。比如"歹徒、歹毒、为非作歹、不分好歹"。

二 liè

·字的由来

"列"由"歹"和"刂"组成，"歹"是残骨，同时也表示"列"在古代的读音跟"歹"接近。"歹"和"刂"合起来表示用刀分解。

"列"最初表示"分解、分开"。比如，在古代文献中有"列地"的说法，就是分裂土地的意思。不过，这个意义后来主要由"裂"来承担。

142

·字的演变

事物被分开以后自然就形成不同的部分，而把它们按一定顺序排列也就成了"列"的主要意义之一，比如"陈列、罗列、列出清单、列队欢迎"。进一步，"列"又指人或事物排成的行，比如"队列、出列、数列"。再进一步，"列"又可以用于成行成列的事物，比如"一列火车"。

由分开成各方，"列"又可以表示"各，众"或者"类"，前者如"列国、列强、列祖列宗、列位观众"，后者如"不在讨论之列"。

由"排列、排放"的意思，"列"又发展出"安排"的意思，比如"列入议事日程""把扶贫列为重点工作"。

| 一 | sǐ |

死

·字的由来

"死"在甲骨文中写成 等，由两部分组成：左边像一个低头跪着的人形；右边是枯骨，后来演变为"歹"。左右合起来表示活着的人在尸骨旁边祭拜。后来，表示人的部分逐渐演变成"匕"，最终变成今天这种写法。

"死"从一开始就表示"生命终结"，也就是"死亡"，比如"人死了、虫子死了、这棵树枯死了"。

字的演变

"死"由"死亡"的意思进一步表示"不顾生命、拼死",比如"死战、死守阵地"等。再进一步,"死"又能表示"坚决",多用在否定方面,比如"死不悔改、死不认输"等。

因为死亡使很多事情都变得不可更改,于是,"死"产生了一系列相关的意义和用法。它可以表示"不可调和的",比如"死敌、死对头";还可以表示"固定、死板、不灵活",比如"死脑筋、死规矩、一潭死水";也可以表示"不能通过",比如"死胡同、死路一条、把洞堵死"。

死亡是生命的终结,由此,"死"又能表示程度达到极点,比如"吵死了、高兴死了""这本书死沉死沉的"。

歼

jiān

字的由来

"歼"以前的写法比现在复杂,左边是"歹",右边是"韱"(xiān)。"歹"表示字的意义跟死有关,"韱"表示"歼"在古代的读音跟"韱"接近。简化以后,右边用"千"来表示字的读音跟它接近,于是就成了今天这样的写法。

"歼"最初的意义是"消灭,灭绝"。《诗经·秦风·黄鸟》中有"歼我良人",大意是杀害了好人。现在,"歼灭、围歼、歼击机"等词语中的"歼"都表示同样的意义。

字里字外

"歼"的正确读音是 jiān，注意不要受右边"千"的影响读成 qiān。

三 cán

字的由来

"残"以前由"歹"和"戋"（jiān）的繁体形式组成。"歹"表示"残"的意义跟死、坏有关；"戋"有"残杀"的意思，同时也表示"残"在古代的读音跟"戋"接近。后来，随着"戋"的字形简化，"残"就变成了今天这样的写法。

"残"最初的意义是"伤害、杀害"。这个意义现在保留在"残杀、残害、摧残、骨肉相残"等词语当中。

字的演变

伤害、杀害的对象通常是人。如果将对象扩大到既可以是人，也可以是事物，那么"残"就表示"毁坏"。比如，"摧残"的可以是人，也可以是大自然等。

因为伤害、杀害他人的行为是凶狠恶毒的，"残"又有了"凶恶、凶狠"的意思，比如"残忍、残暴、残酷无情"。

"残"进一步又表示受到损害后的状态，也就是"剩下的、将尽的"，比如"残敌、残阳、残冬、残羹冷炙、风卷残云"。

受到摧残和伤害的事物是不完整的，由此，"残"又进一步表示"不完整、缺损"，比如"残品、残肢、残缺不全、身残志坚"。

| 四 | yāng |

·字的由来

"殃"由"歹"和"央"组成。"歹"表示"殃"的意义跟死、坏有关,"央"表示"殃"的读音与之接近。

"殃"最初的意义是"祸害、灾难"。这个意义现在保留在"灾殃、遭殃、祸殃"等词语当中。再比如"城门失火,殃及池鱼",是说城门着了火,大家都用护城河的水救火,结果河里的水用光了,里面的鱼都死了,比喻因受牵连而遭受祸害或损失。

·字的演变

在"祸害"意思的基础上,"殃"进一步表示"使受祸害",比如"祸国殃民"。

| 五 | shū |

·字的由来

"殊"由"歹"和"朱"组成。"歹"表示"殊"的意义跟死、坏有关,"朱"表示"殊"在古代的读音跟"朱"接近。

"殊"最初的意义是"断,绝",比如《左传·昭公二十三年》中的"断其后之木而弗殊",大意是说,砍伐树木但不使其断绝。

字的演变

人的身体和头断开就是死，所以，"殊"也具有"死"的含义。"殊死"常用来表示拼死的、尽死力的，比如"殊死搏斗"；在古代，它还指斩首的死刑。

由"断绝"的意思，"殊"进一步又表示"差异、不同"，意味着不同的事物之间是断开的、不同的，比如"悬殊、殊途同归"。

与其他事物不同，有时也意味着特别，由此，"殊"又能表示"特别的"，比如"特殊、殊遇、殊效"。再进一步，"殊"又表示程度深，相当于"很、极"，比如"殊感不安、殊觉歉然、恐惧殊甚"。

殉

xùn

字的由来

"殉"由"歹"和"旬"组成。"歹"表示字的意义跟死有关，"旬"表示字的读音与之接近。

"殉"最初指"古代用人来陪葬"，也就是"殉葬"。后来也指用物品陪葬。殉葬制度惨无人道，殉葬的人都是被逼的，这种制度早已不复存在了。

字的演变

后来，为了某种目的而牺牲生命的情况也用"殉"来表示，比如"殉难、殉情、因公殉职"等。抗日战争时期，无数先烈前仆后继，英勇殉国。

字里字外

需要注意的是,"殉"的正确读音是第四声 xùn,而不是 xún。

| 五 | shi · zhí |

殖

·字的由来

"殖"由"歹"和"直"组成。"歹"表示字的意义跟死、坏有关,"直"表示字的读音与之接近。

"殖"最初表示"膏脂因放置时间过久而腐败变质",比如"腐殖质"等。

·字的演变

我们都知道,腐败变质的东西容易滋生细菌、霉菌。大概是因为这个原因,"殖"又有"生育、孳生"的含义,这也是它现在的主要意义和用法,比如"繁殖、养殖、生殖"等。当表示这个意义时,"殖"读 zhí。

此外,它还读 shi,只用在"骨殖"一词当中,表示尸骨。

车（车、車）部

"车"在甲骨文中写成 🚗 等，像一辆古代的车，因此，包含它的汉字，在意义上大多跟车有关，比如"轧、轨、转、轻、轰、载"。

一 | chē·jū

车

·字的由来

"车"在甲骨文中写成 ᚙ 等，描绘的是一辆古代的车，中间的竖线是车辕，车辕的上方是驾马处，下面是车轮和车轴。不过，无论是甲骨文还是金文中，都存在一些更为复杂或相对简单的字形，比如有的字形在两轮之间有车厢。到了小篆，写成車，简化为只剩一个车轮。今天的"车"是进一步简化的结果。

从字形上我们能够看出，最初的车跟现在不同，是一种双轮的交通工具。而且，那时候的车并不是日常乘坐的，而主要是用于军队作战或者贵族狩猎，所以，在古文当中，"车"有的时候专门指战车。杜甫《兵车行》中"车辚辚，马萧萧"说的就是这种战车。当"车"表示这样的意义时，读音是 chē。

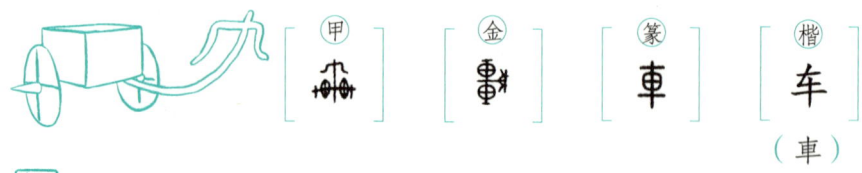

[甲] [金] [篆] [楷]
车
（車）

·字的演变

后来，一切在陆地上使用的有轮子的交通运输工具都叫作"车"。从古代的战车到后来的马车、驴车，乃至现在的自行车、摩托车、汽车、火车等，车的类型多种多样。

再往后，跟"车"具有共同特征的利用轮轴转动来工作的工具也用"车"来称说，比如"纺车、水车、风车、车床"。再进一步，"车"又可以泛指机器，比如"车间、试车成功"。

用上面的一些工具进行作业，也叫作"车"。比如，用水车汲水叫作"车水"；用车床切削物件可以说"车一个螺丝、车个零件"。

此外，"车"还读 jū，专门指一种象棋棋子。

五 | yà·zhá

轧

字的由来

"轧"以前由"车"的繁体形式和"乙"组成。"车"的繁体形式表示字的意义跟车有关,"乙"表示"轧"在古代的读音跟"乙"接近。后来字形经过变化,左边的"车"再经过简化,"轧"就成了今天这样的写法。

"轧"最初表示"碾压、滚压",读音是 yà。这个意义从古代一直沿用至今,比如"轧平、轧棉花、被汽车轧了"。

字的演变

"碾压"的意思如果用在人际关系方面,就是指利用权势或采取不正当手段使别人失去原有的地位,也就是"排挤"的意思,比如"倾轧"。

"轧"还能用来表示机器开动时发出的声音,比如"机声轧轧、缝纫机轧轧地响个不停"。

"轧"现在还读 zhá,跟它读 yà 时的意义相近,专门指把金属材料压成一定形状,比如"轧钢"。

在某些地区的方言中,"轧"还读 gá,表示"挤""结交""核算,查对"等含义。

| guǐ |

轨

字的由来

"轨"以前由"车"的繁体形式和"九"组成。"车"的繁体形式表示字的意义跟车有关;"九"表示"轨"在古代的读音跟"九"接近。左边的"车"简化以后,

"轨"就成了今天这种写法。

"轨"最初是指"车两轮之间的距离"。秦始皇灭六国后，实行"车同轨"，对两轮之间的距离做出了规定。这样，原来各地不同宽窄的马车变成了同样宽窄，全国各地的车辆往来就更方便了。

·字的演变

"轨"进一步指"车轮碾过留下的痕迹"，再进一步抽象化，就表示"事物运行的一定路线"，比如"轨迹"。

在"事物运行的一定路线"这个意义基础上，"轨"还可以用来比喻办法、规矩、制度等，比如"常轨、越轨、步入正轨"。

在"事物运行的一定路线"这个意义基础上，"轨"进一步还指"用条形钢材铺成的供火车、电车等行驶的道路"，也就是"轨道"，比如"无轨电车、列车脱轨了"等；同时，"轨"也可以指"铺设火车道或电车道等用的长条钢材"，也就是"路轨"，比如"铁轨、钢轨"。

轩 xuān

·字的由来

"轩"以前由"车"的繁体形式和"干"组成。"车"的繁体形式表示字的意义跟车有关；"干"表示"轩"在古代的读音跟"干"接近。左边的"车"简化以后，"轩"就成了今天这种写法。

"轩"最初是指古代一种车顶前部较高、带有帷幕的车子，是供大夫以上的官员乘坐的。后来，"轩"用来泛指车。比如，在古文当中经常可以见到"乘轩、轩冕"之类说法。

·字的演变

因为轩的顶部前高后低，于是，"轩"就有了"高"的含义，比如"轩昂、轩然大波"等。

由于这种车车顶前部较高的特征，"轩"又具有"开敞、明朗"的含义，进而又可以指以开敞、明朗为特点的建筑物，通常是有窗的廊子或者小屋，以前多用作书斋、茶馆、饭馆的名字，比如，北京中山公园里有"来今雨轩"。同样的道理，"轩"还可以指"窗子或门"，比如唐代诗人杜甫《登岳阳楼》一诗中有"戎马关山北，凭轩涕泗流"的诗句，大意是说，北方边境战火仍未停息，靠着窗户眺望远方，泪水横流。

轰 = hōng

·字的由来

"轰"以前由三个繁体的"车"构成，组成"品"字结构。简化过程中，将上面的"车"简化，下面的两个"车"用两个"又"代替，"轰"就成了今天这种写法。

"三"有"多"的含义，三个"车"意味着车很多。"轰"最初的字形是用三个"车"来表示很多车一起行进时发出的巨大声音。所以，"轰"最初是模拟这种巨大声音的，后来用法范围扩大，也可以用以形容打雷、放炮、爆炸之类巨大的声音，比如"轰的一声巨响"。

·字的演变

由模拟这一类巨大声音，"轰"进一步又可以指雷鸣、爆炸或炮击，比如"轰炸、轰击、雷轰电闪、狂轰滥炸、大炮向敌人猛轰"。

又因为爆炸、炮击等行为能起到驱赶人或动物的作用，于是，"轰"又有了"赶、驱逐"的意思，比如"轰麻雀、快把那几个捣乱的轰走"。

一 | zhuǎi · zhuǎn · zhuàn

·字的由来

"转"在金文中写成 ![字形] 等,由两部分组成:左边是"车",表示字的意义跟车的功能有关;右边是"专"的繁体字形,表示字的读音与之接近。

"转"最初表示"移动",可以是改变方向,也可以是改变位置,读音是 zhuǎn,比如"转身、转移、向后转、目不转睛、掉转船头"。

[金] [篆] [楷]
(轉)

·字的演变

进一步,"转"又可以指改变形势、情况等,比如"好转、转危为安、由阴转晴"。由变换位置,"转"进一步又指"把一方的物品、意见等带给另一方",比如"转告、转达、转交、请把邮件转给他"。

"转"还表示"物体围绕一个中心运动",也就是"旋转",读音是 zhuàn,比如"转动、自转、团团转、晕头转向、地球绕着太阳转、轮子转得飞快",这个意义是在它改变方向的含义基础上发展出来的。

再进一步,"转"又指"围绕着某物移动",比如"转圈子、转来转去""无论他走到哪里,大家的眼睛都跟着他转"。

在某些地区,把"绕一圈"叫作"绕一转"。这也是在"转"表示"旋转"的意思基础上发展出来的用法。

由这种绕圈子的意思,"转"进一步又指"闲逛",比如"转悠、到公园转一转"。

"转"今天还有 zhuǎi 的读音,指"转文",意思是说话时故意使用一些文绉绉的字眼来显示有学问,比如"他就爱时不时转两句"。

五 | zhǎn

·字的由来

"斩"以前由"车"的繁体形式和"斤"组成。"车"的繁体形式表示字的意义跟车有关;"斤"表示斧钺(yuè)等刑具;合起来表示"砍、杀"。左边的"车"简化以后,"斩"就成了今天这种写法。

大多数文字学家认为,"斩"最初的意义是"砍,杀"。这个意义也是"斩"从古至今的主要意义,比如"斩首、斩尽杀绝、先斩后奏""过五关,斩六将"。

·字的演变

将人斩杀常常意味着将头部跟身体分离,也就是"断",因此,"斩"进一步又可以表示"砍断",比如"斩钉截铁、斩草除根、快刀斩乱麻"。

二 | lún

·字的由来

"轮"以前由"车"的繁体形式和"仑"的繁体形式组成。"车"的繁体形式表示字的意义跟车有关;"仑"的繁体形式表示"轮"的读音跟"仑"接近。两部分各自简化以后,"轮"就成了今天这种写法。

"轮"最初指"车轮"。这个意义一直沿用到今天,比如"轮胎、三轮车、四轮驱动"。

字的演变

进一步，跟车轮相似的、机器上转动的圆形部件也可以用"轮"来表示，比如"齿轮、轮轴、涡轮机"。再进一步，"轮"又指像轮子的东西，比如"月轮、年轮、耳轮"。

由车轮的转动，"轮"发展出"依照次序替换"的意思，比如"轮换、轮流、轮班、轮到你了"。

以前的船中曾经设有像"轮"一样的装置，通过踏轮激水的方式使船前进，由此，"轮"后来又可以指"轮船"，比如"巨轮、游轮、货轮、轮渡"。

由指像轮子一样圆形的东西，"轮"还可以用来表示日、月等圆形东西的数量，比如"一轮红日、一轮明月"等；进一步抽象化，"轮"可以表示循环的事物或动作的数量，比如"新一轮会谈、第二轮循环赛"等。

按照农历，用十二地支记人的属相，每十二岁轮回一次，因此，当说到人的年龄时，"一轮"指十二岁，比如"他也属龙，比我大一轮"。

软 ruǎn

字的由来

"软"以前由"车"的繁体形式和"而"组成。"车"的繁体形式表示字的意义跟车有关；"而"最初表示"胡须"，在这里表示车上有很多下垂的装饰物，像人的胡须一样，同时也表示"软"在古代的读音跟"而"接近。也有的字形右边是一上一下两个"而"，进一步强调车上垂下的装饰物繁多。

"软"以前还有另外一种写法：左边是"车"的繁体形式，右边是

"耎"（ruǎn）。"耎"本身就有"柔弱"的意思，同时也表示"软"的读音跟"耎"接近。

"软"最初是指"送丧的车"。不过，它的这个意义仅仅停留在古代，没有沿用下来。

·字的演变

后来，"软"主要表示"质地不硬"，跟"硬"相对，比如"柔软、松软、软卧、枝条很软"。

"软"由质地软，进而又指"柔和、温和"，比如"软风、软语、说话声很软"。

"软"的这种"柔软"的含义可以用在很多方面。当它用于形容人时，可以指身体无力，比如"瘫软、酥软、腿软了"；也可以指性格柔弱，比如"欺软怕硬"；也可以指容易被感动或动摇，比如"心软、耳根软"；还可以指态度不强硬，比如"软磨硬泡""口气变软了"。

"软"由"柔软"进一步还可以指"能力弱"或"质量差"，比如"货色软、笔头软"。

"没有硬性规定的、有伸缩余地的"等情况也在"软"所表示的意义范围之内，比如"软任务、软指标"。

| zhóu · zhòu |

轴

字的由来

"轴"以前由"车"的繁体形式和"由"组成。"车"的繁体形式表示字的意义跟车有关;"由"表示"轴"在古代的读音跟"由"接近。左边的"车"简化以后,"轴"就成了今天这种写法。

"轴"最初表示"车轴",读音是 zhóu,比如"前轴""这辆车该换轴了"。

字的演变

车轴是圆柱形的。"轴"进而又指其他跟车轴类似的圆柱形零件,机械中的其他零件都绕着它转动或随着它转动,比如"曲轴、转轴、轴承"。

再进一步,"轴"又指"用来往上绕或卷东西的圆柱形器物",比如"线轴、画轴"。与此相关,"轴"还能表示用于缠或卷在轴上的东西的数量,比如"两轴线、一轴水墨画"。

由于车轴、转轴等都居于中心位置,因此,"轴"又表示"把一个图形分成对称的两个部分的直线",比如"中轴线"。

此外,"轴"还读 zhòu,指一场演出中排在末尾的较精彩的节目,比如"压轴、大轴子"。这个时候,如果读成 zhóu 就是错误的。

一 qīng

轻

·字的由来

"轻"以前由"车"的繁体形式和"巠"（jīng）组成。"车"的繁体形式表示字的意义跟车有关；"巠"表示"轻"在古代的读音跟"巠"接近。"车"和"巠"分别简化以后，"轻"就成了今天这种写法。

"轻"最初是车的名称。有人说是没有载物的车，也有人说是轻便灵活的小车，总之，轻便是它的主要特征。我们在古文当中有时会看到"轻车简行、轻车锐卒"之类的说法，其中的"轻车"就是这种意义。

·字的演变

由指这种轻便的车，"轻"进一步就有了"重量小、比重小"的意义，跟"重"相对，而这个意义取代它最初的意义，成为"轻"最主要的意义，比如"轻巧、不知轻重、轻而易举、轻如鸿毛"。

由"重量小、比重小"这个主要意义，"轻"发展出一系列与之相关的意义和用法。

第一，表示"没有负担、轻松、柔和"，比如"轻音乐、轻歌曼舞、无病一身轻"。

第二，表示"负载小、装备简单"，比如"轻便、轻装、轻骑兵"。

第三，表示"不重要"，比如"责任轻、人微言轻"。

第四，表示"数量少、程度浅"，比如"轻微、轻伤、病得不轻"。

第五，表示"不重视"，比如"轻视、轻慢、轻敌、轻生、重色轻友"。

第六，表示"不庄重、不严肃"，比如"轻薄、轻浮、轻佻"。

第七，表示"不慎重、随随便便"，比如"轻率、轻信、轻举妄动"。

第八，表示"用力不猛"，比如"轻手轻脚、轻描淡写、轻拿轻放"。

三 | zǎi·zài

载

字的由来

"载"在金文中写成𝕰等，由两部分组成：左下是"车"，其余部分是"𢦏"（zāi）。"车"表示字的意义跟车有关；"𢦏"表示"载"在古代的读音与它接近。小篆、楷书的"载"跟金文的写法一脉相承。后来，随着"车"的简化，"载"就成了今天这种写法。

一般认为，"载"最初的意义是"乘坐"。当表示这个意义时，"载"读 zài。《史记·河渠书》中有这样一句话："陆行载车，水行载舟。"意思是说，在陆地上通行的时候乘车，在水面上通行的时候乘船。

金	篆	楷
𝕰	載	载（載）

字的演变

"乘坐"是从车上乘客的角度来说的，如果从车的角度来看，就是"装载、装运"，比如"载客、载货、车上载满了乘客"。再进一步，"载"又可以指"运输工具上所装的东西"，比如"卸载、超载"。

由"装载"的意思，"载"进一步又可以指"充满"，比如"怨声载道、风雪载途"。

"载"用在表示动作的词语前面，构成"载……载……"的形式时，表示两个动作同时或交替进行，比如"载歌载舞、载言载笑"。

用书籍记录事情，就好像用车辆装载货物一样，由此，"载"发展出"记载、刊登"的意思，比如"连载、转载、刊载、载入史册"。当表示这个意义时，"载"读 zǎi。

四季运转成为一年，于是，"载"还能表示"年"，比如"千载难逢、一年半载、三年五载、历时三载"。

二 jiào

·字的由来

"轿"以前由"车"的繁体形式和"乔"的繁体形式组成。"车"的繁体形式表示字的意义跟车有关;"乔"的繁体形式表示"轿"在古代的读音跟"乔"接近。后来,"车"和"乔"分别简化,"轿"就成了今天这种写法。

"轿"最初是指古代在山路上运行的一种轻便的小车。

·字的演变

后来,"轿"的意义逐渐发展变化,用来泛泛地指"肩舆",这是过去的一种交通工具,方形,有顶,前面有帘,另外三面罩着帷子,两边各有一根杆子,由人抬着走或由骡马驮着走,也就是通常所说的"轿子",比如"花轿、轿夫、八抬大轿"等。

·轿子

三 jiào

·字的由来

"较"以前由"车"的繁体形式和"爻"(yáo)组成。"车"的繁体形式表示字的意义跟车有关;"爻"表示"较"在古代的读音跟"爻"接近。后来,民间出现右边用"交"来表示读音的写法。左边的"车"再经过简化,"较"就成了今天这种写法。

"较"最初是指"古代车厢两旁木板上的横木"。不过，它的这个意义仅仅停留在古代，没有沿用下来。

·字的演变

"较"后来表示"比较、较量"的意思，比如"较劲儿、一较高下"。这个意义跟它最初的意义之间没有关联，只是借用了它的字形而已。

由"较量"的意思，"较"发展出"计较"的意思，比如"锱铢必较"。

通常来说，不同事物进行比较，一个会在某个方面超过另一个，于是，"较"又能表示相比而言更进一层，比如"最近气温较低、取得较大进步"。同样的道理，"较"还能引出比较的对象，相当于"比"，比如"成绩较去年有明显提高""较之前大有进步"等。

此外，"较"还有"明显"的意思，比如"二者较然不同"。

fǔ

·字的由来

"辅"的金文字形由两部分组成：左边是"车"，右边是"甫"。"车"表示字的意思跟车有关；"甫"表示"辅"在古代的读音跟"甫"接近。后来，随着"车"的简化，"辅"成了今天这种写法。

[金] 輔　[篆] 輔　[楷] 辅（輔）

"辅"最初是指"古代临时绑在车轮外侧的两条直木，用以增强车轮的承载力"。《吕氏春秋·权勋》中"若车之有辅也"，用的就是这个意义。

·字的演变

车辅是附加在车轮两旁起辅助作用的，因此，"辅"自然就有了"从旁帮助"的意思，比如"辅导、辅食、辅佐、相辅相成"。

国都附近的地方对于国都而言就好像车辅所起的作用一样，于是，"辅"在古代又指国都附近的地方，比如"畿辅"。

一 liàng

·字的由来

"辆"是在"两"的基础上后产生的字。古代的车有两个轮子，所以一辆车就叫作"一两"。后来，人们在"两"的左边添加"车"，另造了"辆"字，专门用来表示车的数量。因此，从"辆"的字形构造来看，左边的"车"表示字的意义跟车有关；右边的"两"既表示字的读音与之接近，同时也把它自身的含义带入到整个字中。

"辆"主要表示车的数量，比如"一辆小汽车、两辆自行车、三辆坦克"。

·字的演变

在古代，"辆"还可以表示其他成对的东西的数量，比如鞋、袜子等。所以，如果在古文中看到"一辆小鞋子"这样的说法，不必感到奇怪。

| fú |

🔖 ·字的由来

"辐"以前由"车"的繁体形式和"畐"组成。"车"的繁体形式表示字的意义跟车有关;"畐"在古代有 fú 这样一种读音,表示字的读音与之接近。后来,随着左边"车"的简化,"辐"就成了今天这种写法。

"辐"最初是指"车轮中连接车毂和轮圈的条状物",也就是通常所说的"车条"。它的这个意义从古代一直沿用到今天,比如"辐条、车辐"。

所谓"辐射",就是形容像车辐一样由中心向各个方面沿着直线伸展出去,是一种非常形象的用法。

| jí |

🔖 ·字的由来

"辑"以前由"车"的繁体形式和"咠"(qì)组成。"车"的繁体形式表示字的意义跟车有关;"咠"表示"辑"在古代的读音跟"咠"接近。后来,随着左边"车"的简化,"辑"就成了今天这种写法。

"辑"最初表示"把众多部件组装成车厢",进而又指"车厢"。不过,"辑"的这些跟车相关的意义仅仅停留在古代,没有沿用下来。

🔖 ·字的演变

因为车厢有聚拢、装载货物的功能,"辑"后来发展出"聚集"的意思，特指聚集材料编成书刊等，比如"编辑、剪辑、辑录"等。与此相关，"辑"还能用于表示整套书籍、资料等按内容或发表先后次序分成的各个部分，比如"丛刊第一辑""这套丛书共五辑"。

字里字外

需要注意，在"编辑"一词中，不要把"辑"错写成"缉"。

| 四 | shū |

·字的由来

"输"以前由"车"的繁体形式和"俞"组成。"车"的繁体形式表示字的意义跟车有关；"俞"表示"输"在古代的读音跟"俞"接近。后来，随着左边"车"的简化，"输"就成了今天这种写法。

"输"最初的意义是"运送、传送"。它的这个意义如今保留在"运输、输送、输出、输液、输油管"等词语当中。

·字的演变

如果是向外传送的话，就可能是交出，于是，"输"后来发展出"交出、捐献"的意思，比如"捐输、输财助学"。

那么，今天表示"输赢"的"输"的意思是怎么来的呢？那是因为，交出就意味着原本属于自己的部分少了或者没有了，由此，"输"就有了"失败、负"的意思，比如"认输、比赛输了、输了一场球"。

| xiá |

辖

📜 · 字的由来

"辖"以前由"车"的繁体形式和"害"组成。"车"的繁体形式表示字的意义跟车有关;"害"表示"辖"在古代的读音跟"害"接近。后来,随着左边"车"的简化,"辖"就成了今天这种写法。

"辖"最初是指"车轴两端插着的金属钉,可以管住轮子使不脱落"。

🔄 · 字的演变

因为辖是管制车轮的,"辖"后来就发展出"管辖、管理"的意思,比如"辖区、统辖、直辖市"。

| niǎn·zhǎn |

辗

📜 · 字的由来

"辗"以前由"车"的繁体形式和"展"组成。"车"的繁体形式表示字的意义跟车有关;"展"最初表示"转"(zhuǎn),在这里既表示字的意义跟转动有关,也表示字的读音与之接近。后来,随着左边"车"的简化,"辗"就成了今天这种写法。

🔄 · 字的演变

"辗"主要用在"辗转"一词当中,表示"身体翻来覆去转动,睡不安稳",读音是zhǎn。比如,早在《诗经》当中,就已经有了"辗转反侧"的说法。当表示这种意义时,以前也可以写成"展转"。不过,现在的规范写法是"辗转"。

由身体来回转动的意思,"辗转"后来也可以指行动转移不定,比如"辗转相告、辗转于各地""几经辗转,终于回到故乡"。正是由于这种舟车劳顿的含义,人们在造"辗"字的时候,在原来"展"的基础上添加了"车"。

此外,"辗"还能读 niǎn,意义跟"碾"相同。不过,现在表示相关意义时,大多写成"碾"。

zhé

辙

·字的由来

"辙"的字形由两部分组成:左边是"车",表示字的意思跟车有关;除了"车"以外的部分是"彻"繁体字形的省略写法,表示"辙"在古代的读音跟"彻"接近。左边的"车"曾经是繁体形式,简化以后,"辙"就变成了现在这样的写法。

"辙"最初是指"车轮轧出的痕迹"。比如,"车辙、南辕北辙、重蹈覆辙、如出一辙"等词语中的"辙"都表示这个意思。

·字的演变

车轮轧出的痕迹能够显示出车行进的路线、方向,于是,"辙"后来又指"规定的行车路线方向",比如"上下辙"。

"辙"由车辙进一步发展,可以指"道路",如果用在抽象方面,就表示"方法、门路"。比如,在某些地区,说"我没辙了",就是"我没有办法了";"快想个辙吧"就是"快想个办法吧"的意思。

由"路线、道路"等含义,"辙"后来又可以指"戏曲、曲艺等的唱词所押的韵",比如"合辙押韵"。

牙部

"牙"最初的字形是⟨字形⟩,像上下牙齿交错的样子,它指的是"大牙",也就是"臼齿",后来,又可以泛指牙齿。

不过,现在包含"牙"的汉字,大多是在读音上跟"牙"接近,而在意义方面跟"牙"没有什么关联,比如"邪、鸦、雅"等。

| 一 | yá |

·字的由来

"牙"在金文中写成 凵 等，像上下牙齿交错的样子。

"牙"最初是指"大牙"，也就是"臼齿、槽牙"。"牙"跟"齿"最初是有区别的，后者主要指前面的门牙。后来，"牙"的意义范围扩大，可以泛指牙齿，比如"牙龈、刷牙、换牙、小孩开始长牙了"。

[金] [篆] [楷]

·字的演变

"牙"有时特指象牙，比如"牙筷、牙章、牙雕作品"。但是，今天，根据有关法律，加工、买卖象牙制品是违法的。

"牙"进一步还能指形状像牙齿的东西，比如"马路牙子"。

由上下牙齿互动，"牙"有了"交互"的含义，所以有时又指过去沟通买卖双方的经纪人，比如"牙行（háng）、牙侩"。

字里字外

需要注意的是，"牙"的第二笔是竖折，写的时候不要断成一竖一横。

| xié · yé |

字的由来

"邪"以前的字形由两部分组成：左边是"牙"，表示"邪"在古代的读音跟"牙"接近；右边是"邑"，表示字的意思跟城镇有关。后来，右边的"邑"演变为"阝"，"邪"就成了今天这种写法。

"邪"最初用在"琅邪"这个地名当中，读成 yá。这个地名早在秦朝就已经有了，在今天山东省境内。不过，现在当表示这个地名时，大多写成"琅玡"。

字的演变

当"邪"读 xié 时，实际上是被借去表示另外一个写成"衺"（xié）的字。"衺"最初表示"古代衣服的大襟斜掩"，进一步就有了"歪斜、倾斜"的含义。

倾斜、歪斜就是不正，于是，"邪"发展出"不正当"的意思，比如"邪教、天真无邪、歪理邪说、歪风邪气、改邪归正"。在此基础上，"邪"有时又指"迷信当中鬼神给予的灾祸"，比如"驱邪、避邪"。

由"不正"的意思，"邪"有时在中医当中指一切致病的因素，比如"风邪、寒邪"。

"邪"由"歪斜"还发展出"不正常"的意思，比如"邪门儿、这事真邪了"。

"邪"有时还能读成 yé，主要出现在古文当中。一般用在句子末尾，表示疑问或反问的语气，相当于"吗"或"呢"，比如："是邪，非邪？"这种用法的"邪"常常写成"耶"。

一 yā

鸦

字的由来

"鸦"以前由"牙"和"鸟"的繁体形式组成。"牙"表示整个字的读音与之接近;"鸟"的繁体形式表示整个字的意义跟鸟有关。后来,随着右边"鸟"的简化,"鸦"就变成了今天这种写法。

"鸦"以前还曾经有过另外一种写法,左边用"亚"的繁体形式代替"牙",表示"鸦"的读音跟"亚"接近。不过,这种字形现在已经不再使用了,统一的规范写法是"鸦"。

"鸦"最初是指乌鸦这种鸟,现在仍然表示同样的意义,比如"老鸦、寒鸦、鸦雀无声"。

字里字外

"涂鸦"一词,原本是说用墨汁胡乱涂写,写出来的东西黑乎乎一片,像乌鸦一样。后来用以比喻书法拙劣或胡乱写、画,常常是一种谦虚的说法,比如"涂鸦之作"。

二 yǎ

雅

字的由来

"雅"由"牙"和"隹"(zhuī)组成。"牙"表示字的读音与之接近;"隹"是短尾巴鸟的总称,表示字的意义跟鸟有关。

"雅"最初是指乌鸦，读成 yā。不过，现在表示乌鸦时，一般用"鸦"。

·字的演变

当"雅"读 yǎ 时，是借用它的字形表示"正统的、合乎规范的"，比如"文辞雅正"。

"雅"有时指西周朝廷上的乐曲，配曲的歌词是《诗经》中诗篇的一大类。这一类之所以被称为"雅"，是因为它被认为是正统的，是乐歌的典范，比如，《诗经》中有《大雅》《小雅》。

在古代，正统的、合乎规范的通常也意味着是高雅的，于是，"雅"又有了"高雅、高尚"的意思，比如"优雅、文雅、雅座、雅俗共赏"。

高雅的事物常常也是美好的，所以，"雅"又可以表示"美好"，比如"雅观"。

因为具有"高雅、美好"这样一些好的含义，所以，在交谈或通信时，用"雅"来称呼跟对方有关的事，就含有尊敬对方的意味，比如"雅意、雅量、雅号、敬请雅正"。

同样也是因为具有"美好"的含义，"雅"又可以表示程度深，相当于"很、极"，当然，通常用在好的方面，比如"雅以为善、雅以为美"。与此相关的用法是，"雅"还可以表示"平素、向来"，比如，古人说"雅善鼓琴"，就是平素擅长弹琴的意思。

由"高雅、高尚"的意思，"雅"进一步又可以指"交情"，比如"同窗之雅、一面之雅"。

戈部

"戈"在甲骨文中写成㦰等,像古代一种兵器的形状,它最初就是指这种古代兵器,后来,也可以泛指兵器。因此,包含"戈"的汉字,在意义上大多跟兵器、武装斗争等有关,比如"戚、戳、戎、戍、战"。

但是,现在有个别被归到"戈"部的字,其实只是由于它们的某个部分在字形上与"戈"接近而已,意思却与"戈"无关,比如"划"等。

gē

戈

·字的由来

"戈"在甲骨文中写成┼等，像古代一种兵器的形状：上部是锋利的横刃，下面是长柄。

"戈"最初就是指古代的这种兵器，比如"干戈、倒戈、反戈一击"。

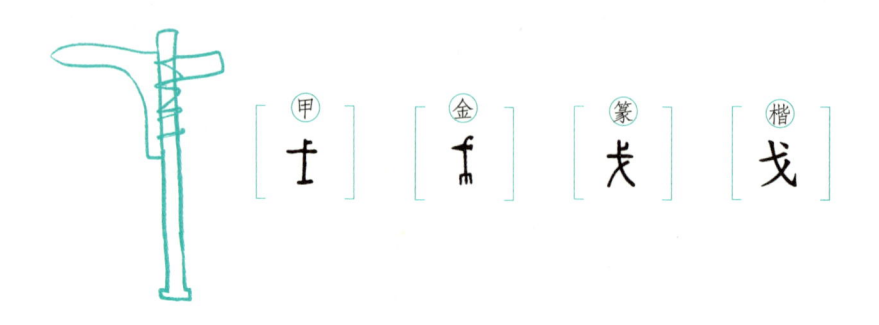

[甲] [金] [篆] [楷]

·字的演变

后来，"戈"也可以泛指兵器，比如"金戈铁马、枕戈待旦"。

"戈壁"是通过读音的方式来表示蒙古语中对应的词语，跟"戈"本来的意义没有关联。

字里字外

"戈"的正确读音是第一声 gē，不要读成 gě。同时，"戈"和"弋"（yì）是两个字，书写的时候也要注意。

戈　弋

| wù |

·字的由来

"戊"在甲骨文中写成 ⼌ 等，像古代的一种斧形兵器：长柄、宽刃，刃朝向一侧，像弯月形。"戊"最初就是这种兵器的名称。不过，它的这个意义仅仅停留在古代，没有沿用下来。

[甲] [金] [篆] [楷]

·字的演变

后来，"戊"的字形被借用来表示天干的第五位，跟地支相配，用来纪年、月、日等。比如，"戊戌变法"因发生在农历戊戌年（1898年）而得名。

"戊"作为天干的第五位，有时也用来表示次序的第五，比如"三年戊班"就相当于三年级五班。

字里字外

"戊、戌、戍、戎、戒"等字的字形非常接近，一定要注意区分。有一句顺口溜可以帮助我们区别"戊、戌、戍、戎"："横戌点戍戊中空，十字交叉便是戎。"

四 | róng

·字的由来

"戎"在甲骨文中写成🜨等,由两部分组成:左下像"十"字的部分是古代的"甲"字,表示古代士兵打仗时所穿的铠甲,也有人说像盾牌的形状;其余部分是"戈",是古代的一种兵器。在金文中,"戎"写成🜨等,到了小篆,写成🜨等,字形中表示"甲"的部分逐渐发生变化,而我们现在所使用的规范写法反而跟最初的甲骨文字形更加接近。

甲和戈都是古代打仗用的,因此,"戎"最初是作为兵器的总称,比如"兵戎相见"。在古文当中,有"五戎"的说法,指的是弓、殳(shū)、矛、戈、戟这五种古代兵器。

·字的演变

"戎"由指兵器,进一步可以指"军队、军事",比如"戎装、戎马生涯、投笔从戎"。

"戎"在古代还被用来泛指我国西部少数民族,比如"西戎"。

戌

| xū |

🔲 ·字的由来

"戌"在甲骨文中写成 ⊢ 等，像古代的一种兵器：上部像斧头形，带有宽大的刃和长长的柄。"戌"最初就是这种兵器的名称。不过，它的这个意义仅仅停留在古代，没有沿用下来。

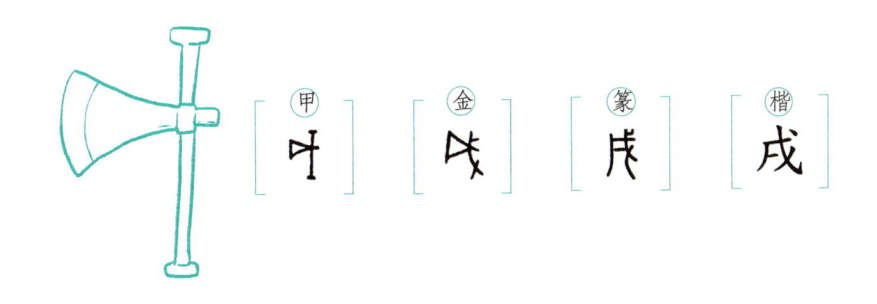

[甲] [金] [篆] [楷]

🔲 ·字的演变

后来，"戌"被借用来表示地支的第十一位，跟天干相配，可以纪年、月、日等。按照我国传统计时方法，"戌时"指晚上七点钟到九点钟这段时间。"戌"对应十二生肖中的狗，所以有"戌狗亥猪"的说法。

字里字外

由"戌"构成的字有"咸、威"等，所以，"咸"和"威"里面的短横一定不能丢掉。

咸　威

成 chéng

▣ ·字的由来

"成"在甲骨文中写成丫等，由两部分组成：左下的一竖表示某种物件，比如一根木头；其余部分是一个斧头形状；合起来表示用斧头劈物。这是古代一种"定盟"仪式，就好像歃血为盟一样。到了小篆当中，写成戌等，字形演变为外"戊"内"丁"。"戊"最初指古代的一种斧形兵器，"丁"表示"成"在古代的读音跟"丁"接近。

"成"最初表示"定盟和解"。比如《左传·成公十一年》："秦晋为成。"意思是说，秦晋两国和解了。

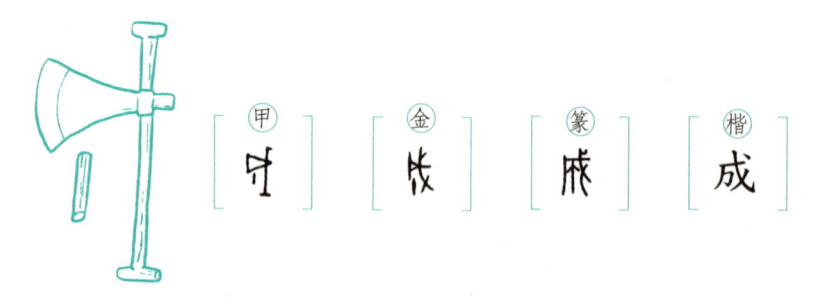

[甲] [金] [篆] [楷]

▣ ·字的演变

"成"由"定盟和解"，进一步就有了"完成、成功"的意思，比如"落成、大功告成、一事无成、功到自然成、这事没办成"。

"成"的很多意义和用法都是在"完成、成功"意义基础上发展而来的。

第一，它可以表示"使完成、使成功"，比如"成全、成人之美"。

第二，它可以表示"已经完成的、固定的、现成的"，比如"成语、成规、成见、成药"。

第三，它可以表示"成为、变为"，比如"形成、构成、百炼成钢、雪化成了水、他俩成了好朋友"。

第四，它可以表示"生物生长到定形、成熟的阶段"，比如"成长、成熟"等；进而又可以指"发育成熟的"，比如"成人、成虫"。

第五，它可以表示"成果、成就"，比如"守成、坐享其成"。

第六，它可以表示"同意、认可"，比如："你什么时候来都成。""成！就这么办。"

第七，它可以表示"有能力做成功"，比如："他可真成！连这都会。"

第八，它可以表示"在时间或数量上达到一个较大的单位"，比如"成天、成套、成批、成百上千、成年累月、苹果成箱卖"。

此外，"成"还能表示数量，把一个整体分成十份，每份叫一成。比如"八成新、产量比去年提高了两成"。

三 | huá·huà

·字的由来

"划"以前的字形由"画"的繁体形式和"刀"组成。"画"的繁体形式表示"划"的读音跟"画"接近，同时，"画"最初就有"划分"的意思，也把它的这种含义带入到整个字中；"刀"表示字的意义跟刀有关。

"划"最初表示"用刀或其他尖锐物把东西割开、分开"，读音是 huá，比如"划玻璃、手上划了个口子"。

·字的演变

"划"进一步又指"用尖锐物从物体表面擦过去"，比如"划根火柴"。

"划"有时还表示"合算"，比如"划算、划得来、划不来"。

在"用刀或其他尖锐物把东西割开、分开"这个意义基础上,"划"进一步可以表示"把整体分成不同的部分",也就是"划分"的意思,读音是 huà。比如"划界、划定范围"等。同样的道理,"划"还能表示"把款项或账目从一个户头转到另一个户头",比如"划账、划拨"。

由"割开、分开"的意思,"划"进一步又有了"划分、谋划"的意思,比如"策划、企划"。

在"用刀或其他尖锐物把东西割开、分开"这个意义基础上,"划"还直接或间接发展出这样几种意义和用法:一是表示用笔之类的东西制作线条、符号、标记;二是表示组成汉字的横、竖、撇、点、折等;三是表示汉字笔画的数量。不过现在表示这几种意义时,一般写作"画"。

今天的"划"这种字形原本是另外一个字,表示"用桨拨水前进",比如"划船、划桨、划水"。划船的时候,用桨把水拨开,跟用尖锐物把东西割开有相似之处,而且,这个"划"跟前一个来源的"划"读音接近,所以后来就被借用并确定为规范字形。

三 | jiè

·字的由来

"戒"在甲骨文中写成 ᾖ 等,中间是古代的一种兵器——戈,下面左右两侧各是一只手,合起来表示用双手握着戈,有所戒备的意思。到了金文和小篆当中,字形分别是 ᾖ 和 ᾖ,仍然由戈和两只手组成,只不过两只手的位置有所变化。到了楷书当中,原来表示两只手的部分变成了"廾"(gǒng),并且被"戈"包围住了。

"戒"最初的意义是"警戒、提防"。这个意义一直沿用至今，比如"戒备、戒心、戒骄戒躁"。

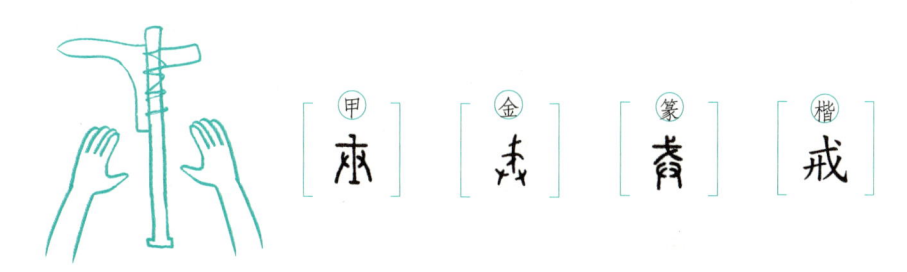

字的演变

由"警戒、提防"的意思，"戒"进一步又指"使警惕而不犯错误"，比如"惩戒""言者无罪，闻者足戒"。

由"警戒、提防"的意思，"戒"进一步还表示"改掉不良嗜好"，比如"戒烟、戒酒、戒毒"。

"戒"有时指有条文规定的宗教徒（如佛教、道教徒）必须遵守的生活准则，比如"戒律、受戒"。在此基础上，"戒"又可以泛指禁止做的事情，比如"开戒、杀戒"。

"戒"有时还可以指"戒指"，比如"婚戒、钻戒"。戒指是戴在手指上的环形饰物。这一名称的由来跟这种饰物最初表示"戒约"的含义有关。

以前，"戒"在"警戒、提防"的意思基础上还可以指"规劝、警告"，意义跟"诫"相同。不过，现在当表示这方面意义时，一般写作"诫"，比如"告诫、劝诫、训诫"等，而不再写成"戒"了。

三 huò

字的由来

"或"在甲骨文中写成🯄等,左下的"口"表示由城墙围起来的一个范围;其余部分是"戈",是古代常见的一种兵器;合起来表示用武器来守城。后来,"口"的下面增加了一横,表示标志范围的界线,在古代常常表示邦国,因为古代的邦国指的就是一座城池及其周围的区域。

"或"最初是指"邦国",是"国家"的"国"字最初的写法,读音是 yù。后来,人们又在它的外面套了个"囗"(wéi),另造了"国"的繁体字来表示这个意义,而"或"则用来表示其他意义,二者有了明确的分工。

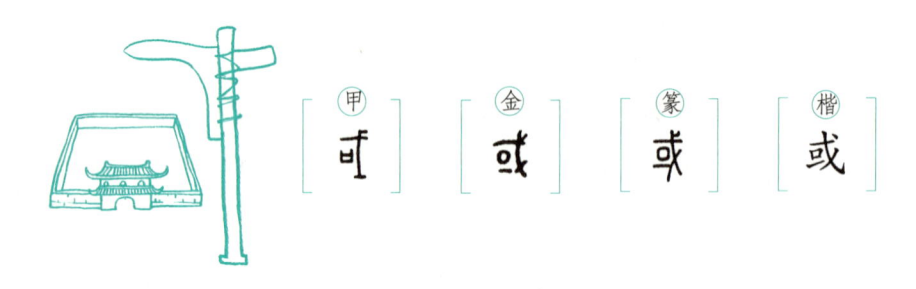

[甲] 🯄　[金] 或　[篆] 或　[楷] 或

字的演变

"或"后来被借用来指人或事物,相当于"有人、有的"。比如,"人固有一死,或重于泰山,或轻于鸿毛",意思是,人终究难免一死,但死的价值不同,有的人的死比泰山还重,有的人的死比鸿毛还轻。

"或"还被用来表示估计,相当于"或许、也许",比如"明日或可到达"。

"或"还能表示"或者",比如"或多或少""或同意,或反对,你总得表个态吧"。

"或"有时还能表示"稍微"的意思,比如"不可或缺"。

字里字外

从"或"的形体构成来看,"口"下面的笔画"提"有标志范围的作用,写的时候不能漏掉。

四 | xián

·字的由来

"咸"在甲骨文中写成𠃬等,左下是"口",其余部分是"戌",表示古代的一种斧形兵器。后来的金文、小篆,直到楷书字形都跟甲骨文字形一脉相承。至于"咸"的这种构造最初表示什么含义,现在很难做出合理的解释。

"咸"无论是在古代,还是现在,都可以用来表示某一范围内的全部,相当于"全、都",比如"老少咸宜"。

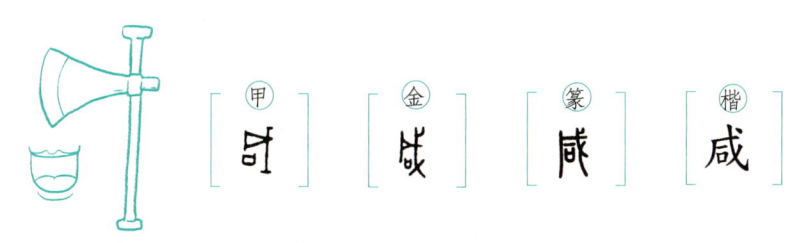

[甲] 𠃬 [金] 戌 [篆] 咸 [楷] 咸

·字的演变

今天表示"咸味"的"咸"则另有来源。它以前的字形左边是"卤"的繁体写法,右边是"咸"。"卤"有盐卤的意思,在这里表示字的意义跟盐有关;"咸"表示字的读音与之接近。由于这个字形过于复杂,后来就用字形相对简单的"咸"来代替了。这个来源的"咸"最初是指"像盐的味道",比如"不咸不淡、菜做咸了"。进一步又指"用盐腌制的",比如"咸菜、咸肉、咸鱼"。

| 二 | wēi |

🔖 · 字的由来

"威"在金文中写成🔖等,左下是"女",其余部分是"戌",表示古代一种斧形兵器,用相对柔弱的女人和强大的兵器做对比,表示的是震慑人的力量。

"威"最初表示"使人畏惧的力量、气势",比如"威力、威风、权威、威严、威信、示威、助威、狐假虎威"。

[金] [篆] [楷]

🔖 · 字的演变

再进一步,"威"又能表示"凭借威力来震慑、胁迫别人",比如"威胁、威逼"。

| 一 | zhàn |

🔖 · 字的由来

"战"在金文中写成🔖等,由两部分组成:左边是"单",表示古代狩猎用的一种武器,同时也表示"战"在古代的读音跟"单"接近;右边是"戈",是古代常用的兵器;两种武器在一起,强调作战的意思。后来,左边换用书写更为简便的"占"来表示字的读音,"战"就变成了今天这种写法。

"战"最初的意义是"作战、打仗",比如"战胜、南征北战、百战百胜、愈战愈勇、浴血奋战、大战三百回合"。

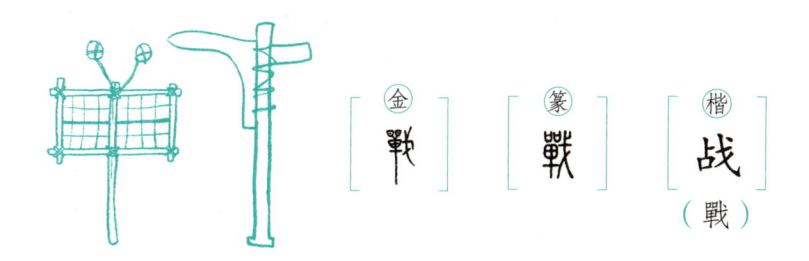

[金] 戰　[篆] 戰　[楷] 战
（戰）

·字的演变

"战"进一步又指"战争"，比如"宣战、持久战、游击战"。

双方打仗是为了比出胜负结果，于是，"战"进一步又可以泛泛地指争胜负、比高低的行为，比如"商战、笔战、论战、贸易战"。

"战"还能表示"发抖"，比如"战栗、寒战、打冷战、胆战心惊"。

戚

| 四 | qī |

·字的由来

今天的"戚"有两个来源。

第一个来源的"戚"在甲骨文中写成 等形状，像一个大斧头，宽大的刃朝向一侧，另一侧有棱。这是古代的一种斧头类的兵器。到了金文当中，"戚"变成由左下的"尗"（shú）和右上的"戈"组成。"尗"表示"戚"在古代的读音跟"尗"接近；"戈"是古代常见的兵器，表示字的意思跟兵器有关。到了小篆当中，写成 ，"戈"被"戉"替代，"戉"（yuè）也是古代的一种兵器。楷书中的"戚"由"戉"和"尗"组成，"戉"仍然是古代的一种兵器，从字形的构造方式来看，基本没有变化。

185

这个来源的"戚"是指古代的一种兵器，也叫作"斧钺（yuè）"。比如，"刑天舞干戚"是说神话人物刑天挥舞着盾牌和板斧一样的兵器。

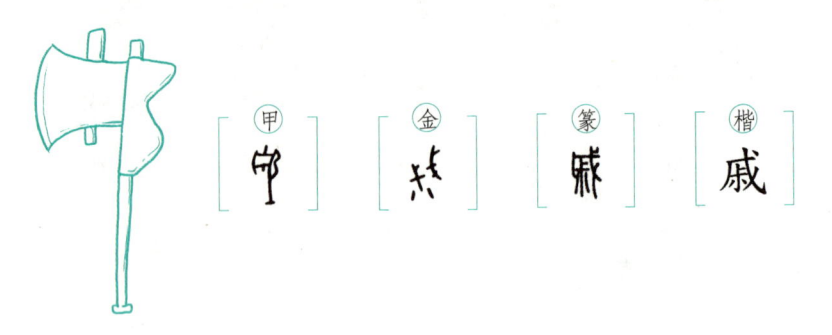

[甲] [金] [篆] [楷] 戚

"戚"的另外一个来源是在今天字形的基础上增加了表示跟情绪意义有关的"心"，有两种写法：一种是"心"在"戚"的下面；另一种是"心"在"戚"的左边，这种情况下"心"写成"忄"。不过，这两种字形现在已经不再使用了，统一用"戚"来表示。

这个来源的"戚"表示"悲伤、哀愁"，比如"悲戚、休戚相关"。

字的演变

"戚"还能指"亲戚"，比如"外戚、皇亲国戚"。

字里字外

需要注意的是，"戚"的正确读音是第一声 qī，不要读成 qì。

• 刑天舞干戚

| chuō |

戳

字的由来

"戳"由"瞿"和"戈"组成。"瞿"表示"戳"在古代的读音跟"瞿"接近;"戈"是古代一种常见的兵器,表示字的意义跟兵器有关。

"戳"最初专指"用枪(古代的一种兵器)刺"。进而可以泛指用物体的尖端触或刺,比如"戳穿、一戳就破、把本子戳了个洞"。

字的演变

在某些地区,"戳"进一步又能指长条形物体的顶端因猛力撞击硬物而使本身受伤或损坏,比如"笔尖戳坏了、打球把手戳了"。

也有一些地区用"戳"来表示"竖立、站立"的意思,通常也是用在长条形的物体上,比如"把旗杆戳起来"。

因为盖图章的时候要像戳东西一样用力去按,并且图章以长条形的居多,所以,"戳"也可以指"图章",比如"邮戳、手戳、盖戳"。

比部

"比"在甲骨文中写成�等,像挨在一起的两个人,因此,有的包含"比"的汉字,在意义上也跟两个或多个人有关,比如"皆"。

不过,现在也有些包含"比"的汉字,只是在读音上跟"比"接近,而在意义方面跟"比"没有什么关联,比如"毕、毙"。

比 bǐ

字的由来

尽管存在不同意见，但是大多数文字学家都认为，"比"的甲骨文字形像面朝同一侧的两个人，一前一后挨在一起。后来的字形与甲骨文字形一脉相承。楷书变成了两个"匕"，"匕"在字形中也起提示读音的作用。

"比"最初表示"靠近、挨着"的意思。比如，它在"比肩、鳞次栉比"中都表示这个意义；又如，"比目鱼"名字的由来是因为这种鱼的两只眼睛会随着年龄的增长而逐渐靠近，最后移到头部的同一侧。

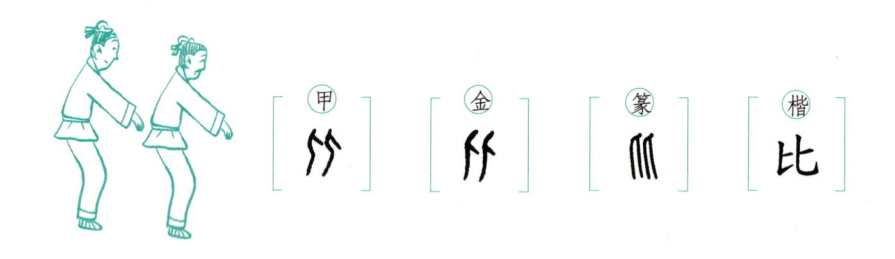

字的演变

挨得近才有比较的可能，由此，"比"进一步有了"比较"的意思，比如"对比、比试、比一比"。

在"比较"意义的基础上，"比"又进一步发展出这样几种意义和用法。

第一，它可以表示"能够相比"，比如"比得上、比不上、今非昔比"。

第二，它可以引进比较的对象，比如"我比他高、成绩比以前更好了"。

第三，它可以表示比赛双方得分的对比，比如"甲队以四比一大胜乙队"。

第四，它在数学上可以表示比较两个数而得出的倍数关系，其中一个数是另一个数的几倍或几分之几，比如"这所学校的男女生比例约为二比三"。

挨得近才能够模仿，于是，"比"还能表示"仿照、比照"，比如"将心比心、比着这件上衣再做一件"。进一步还能表示"比画"，比如"连说带比、他比了下手势让我进去"。

由"挨着"的意思，"比"进一步还能表示"比方、比喻"，比如"把祖国比作母亲"。

由"挨在一起"的意思，"比"进一步又表示"依附、勾结"，比如"朋比为奸"。

如果把"挨着"的意思用在时间方面，"比"就表示"近来"，比如"比来"。

字里字外

"人"在甲骨文中写成↑等，像是一个站立的人的侧面形象。而"从"在甲骨文中写成↑↑等，描画的是一前一后两个人的侧面形象，一个人跟在另一个人后面，意味着跟随，所以"从"最初的意思就是"跟从、跟随"。而"比"在甲骨文中写成↑↑等，大多数文字学家认为描画的是两个人一前一后挨在一起，表示"靠近；挨着"的意思。而"北"在甲骨文中写成↑↑等，像是两个背靠背站立的人，所以"北"最初的意思是"背离、违背"。后来，表示这种意思又造了一个新的字"背"。

此外"比"虽然由两个"匕"组成，但是左边最后一笔发生变形，如果完全写成"匕"的样子，就不对了。

"比、此、北"的右边都是"匕",但左边不一样,书写的时候要加以区分。

比　此　北

丨 = 丨 bì 丨

字的由来

"毕"在甲骨文中写成 ᕗ 等,像古代打猎用的一种网,带有长柄。此外,还有另外一种字形,上面多了一个"田","田"在古代有"打猎"的意思,进一步强调字的意义跟打猎有关。金文字形 ᕗ、小篆字形 畢 都承袭了后一种字形的写法。我们今天所用的字形是简化的结果,下面的"十"保留了原来字形的部分特征,上面的"比"表示字的读音与之接近。

"毕"最初是指"古代打猎用的一种长柄网"。进而又指用这种网捕获猎物。《诗经·小雅·鸳鸯》:"鸳鸯于飞,毕之罗之。"大意是说,鸳鸯在那里飞,用长柄网捕它,用大网捕捉它。

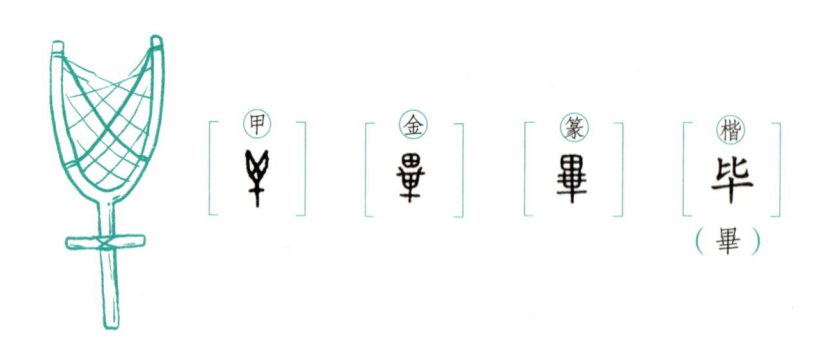

[甲] [金] [篆] [楷]
 ᕗ   ᕗ   畢   毕
                 (畢)

·字的演变

由用网捕到猎物,"毕"进一步就有了"完结、完成"的意思,比如"完毕、礼毕、毕业"。

再进一步,"毕"又能表示"全部、完全",比如"毕生、凶相毕露"。

"毕"还是二十八宿中的一个星宿名,因为这个星宿的八颗星排列成一个长柄网的形状而得名。

皆 jiē

·字的由来

"皆"在金文中写成 等,由两部分组成:上面是一前一后并排在一起的两个人,也就是"比";下面是"曰",有"说"的含义;合起来表示两个人一同行走,一同言语。后来,下面的"曰"错误地演变为"白","皆"就成了今天这样的写法。

"皆"用二人并行并言这样的字形构造来表示概括、总括,意思相当于"全、都"。这也是它从古至今最主要的意义和用法,比如著名的诗句:"谁知盘中餐,粒粒皆辛苦。"又如"比比皆是、尽人皆知、有口皆碑、皆大欢喜"。

毙 bì

字的由来

"毙"以前的字形由"敝"和"犬"组成。"敝"在上面,表示字的读音,同时也把它表示"破败"的含义带入到整个字中;"犬"在下面,表示狗;两部分合起来表示狗仆倒在地。后来,出现了下面用"死"来代替"犬"的写法。汉字简化的时候,又在这种字形的基础上,把上面的"敝"换成了笔画相对简单的"比",表示"毙"的读音跟"比"接近,于是"毙"就成了今天这样的写法。

"毙"最初的意义是"仆倒"。"多行不义必自毙"中的"毙"就表示这个意思。

字的演变

"毙"在"仆倒"的意思基础上发展出"死"的意思,比如"毙命、击毙、坐以待毙"。

在"死"的基础上,"毙"进一步又指"枪毙",比如"昨天毙了一个杀人犯"。

瓦部

"瓦"最初是指"屋瓦",也可以泛指用泥土烧成的器物,因此,包含"瓦"的汉字,在意义上大多跟土烧的器皿有关,比如"瓷、瓶"。

三 wǎ · wà

瓦

字的由来

"瓦"的古文字形像两片屋瓦相扣咬合的形状。它最初是指"屋瓦",也可以泛指用泥土烧成的器物,比如"瓦罐、瓦盆"等,读音是 wǎ。

字的演变

"瓦"在古代也指用泥烧制的纺锤。古时拿这种纺锤给小女孩玩,期望孩子将来能擅长做针线活。后来,人们就用"弄瓦"来表示生女儿,比如"弄瓦之喜"。

"瓦"现在还是功率单位"瓦特"的简称。这种情况下仅仅是借用了"瓦"的读音,跟它本来的意义没有关联。

由指屋瓦这种建筑材料,"瓦"进一步还可以表示"用瓦铺、用瓦盖",读音是 wà,比如"瓦刀"等。

五 cí

瓷

字的由来

"瓷"由"次"和"瓦"组成。"次"表示字的读音与之接近;"瓦"表示字的意义跟土烧的器皿有关。

"瓷"以前还曾经有过另外一种写法,上面用"兹"代替"次",表示"瓷"在古代的读音跟"兹"接近。不过,这种字形现在已经不再使用了。

"瓷"的意思是"瓷器",比如"陶瓷、景德镇瓷"。最初的"瓷"是泛指颜色白而质地坚硬的陶器，后来专门指用高岭土烧制成的陶器，以白色的居多。

字的演变

因为瓷器质地坚硬细致，所以，在有些地区，"瓷"又能表示"坚实"的意思，比如"瓷实、地面被踩得很瓷"。

瓶 | píng

字的由来

"瓶"在金文中写成 ，由两部分组成：左边的两个人形是"比"，表示"瓶"在古代的读音跟"比"接近；右边是"缶"，表示字的意义跟土烧的器皿有关。后来，字形演变为左边为"缶"、右边为"并"的结构，"并"表示"瓶"的读音与之接近。类似于今天这种写法的"瓶"很早就出现了，同样是用"并"表示读音，而表示意义的部分则换成了"瓦"，表示字的意义跟土烧的器皿有关。

"瓶"最初是指古代用来汲水的瓦制容器。

[金] [篆] [楷]

字的演变

"瓶"后来泛指长颈、大肚、小口的容器，也就是通常所说的"瓶子"。今天的瓶子在材质上也有很大的变化，大多是用玻璃、陶瓷、塑料制成，比如"奶瓶、花瓶、酒瓶、瓶瓶罐罐"。

止部

"止"在甲骨文中写成 ㅂ 等，像人脚的形状，最初就是指"脚"。因此，包含"止"的汉字，在意义上大多跟脚有关，比如"此、步、武、歧"。

但是，现在有个别被归到"止"部的字，其实只是由于它们的某个部分在字形上与"止"接近而已，意思却与"止"无关，比如"肯、雌"。

此外，由于把汉字归入不同部首的规则所限，现在一些包含"止"，而且字的读音与"止"接近的字，却被归入了其他部首，如"址、趾"。

| = | zhǐ |

·字的由来

"止"在甲骨文中写成 ㄓ 等,像人脚的形状,脚趾在上,脚后跟在下。后来的各种字体与甲骨文一脉相承。

"止"最初是指"脚"。比如《汉书·刑法志》中有"斩左止"的说法,意思就是砍掉左脚,是古代一种残酷的刑罚。后来,字的左边加上"足",另有了"趾"字来表示这个意义,比如"趾高气扬"中的"趾"就是指脚。但是,由于"止"最初的字形突出的是脚趾,所以到了后来,"趾"也就随之专门用于指脚趾了。

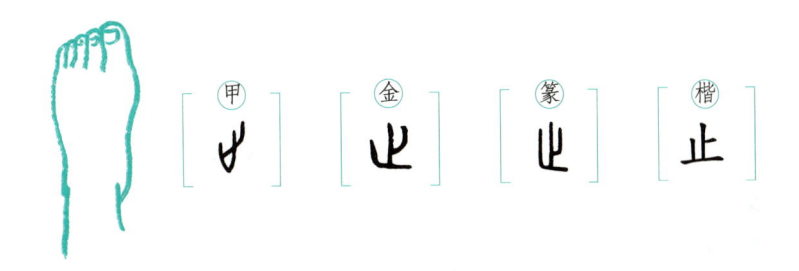

[甲] [金] [篆] [楷]

·字的演变

因为脚是人用来站立的部位,所以当用"止"来表示行为动作时,就表示"停住不动,不再进行",比如"停止、静止、终止、止步不前、适可而止、血流不止"。

在"停止"的意思基础上,"止"进一步又表示"使停住",比如"阻止、禁止、制止、止血、止痛、止不住、望梅止渴"。

"止"还能表示"到一定期限停止",也就是"截止"的意思,比如"书展从10月1日起至10月15日止"。

由"停止"的意思,"止"还能表示止于某个数量,相当于"仅仅、只",比如"读了不止一遍"。

二 | cǐ

·字的由来

"此"在甲骨文中写成 等，由两部分组成：左边是"止"，表示脚；右边是人；合起来表示用脚踩在别人身上。后来，人们在它的左侧增加了表示脚的"足"，另造了"跐"（cǐ）字来表示这个意义。

"此"后来主要表示"这，这个"的意思，比如"此人、此事、此时、由此及彼"。

[甲] [金] [篆] [楷]

·字的演变

"此"进一步又指较近的时间、地点等，比如"从此以后、就此告别、由此往北、谈话到此结束"。

再进一步，"此"还可以指较近的状态、程度等，相当于"这样、这般"，比如"长此以往、事已至此、何至于此"。

一 | bù

·字的由来

"步"在甲骨文中写成 等，像脚趾朝上的两只脚，一只在上，一只在下，表示两只脚一前一后行走。后来的几种字形在甲骨文基础上逐渐发展演变。小篆字形实际上是一正一反两个"止",仍然是表示两只脚。到了楷书当中,上面的"止"保持不变,下面的"止"却完全失去了脚的样子。

"步"最初的意义是"行走"。它的这个意义现在仍然保留在"徒步、散步、亦步亦趋、步入会场"等词语或说法当中。

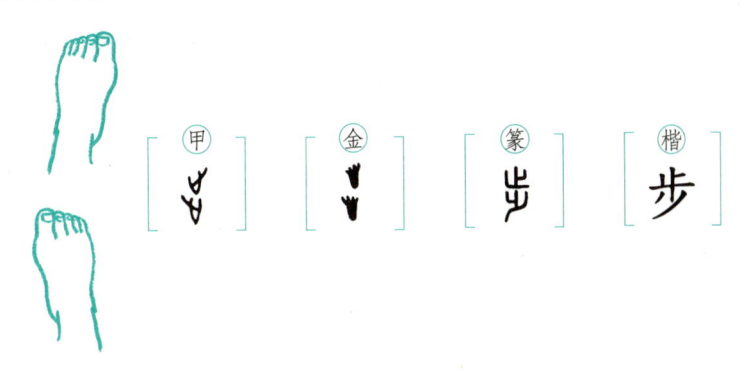

·字的演变

"步"由"行走"的意思发展出"跟随、追随"的意思,比如"步人后尘"等。

"步"还能表示"行走时两脚之间的距离"或"步子",比如"步步为营、大步流星、寸步难行"。

就像路是一步一步走出来的一样,事情也是一步一步完成的。这种情况下,"步"表示"事情进行的程序或阶段",比如"初步、为下一步做准备、事情进展得一步比一步顺利"。

同样的道理,"步"还表示"处境、境地",比如"地步、想不到会落到这一步"。

"步"以前还被用作表示长度的单位,一步相当于五尺。

在有些地区,"步"还能表示"用脚步测量距离",比如"步一步这块地的大小"。

在我国一些地区,"步"还被用作地名,比如广东省有"船步、盐步",广西壮族自治区有"社步"等。这种情况下,"步"的意义和用法相当于"埠"。

字里字外

需要注意的是,"步"的下面不能写成"少"。因为"步"的上下两个部分是从最初的两只脚演变而成的,多写一点,就好比增加了一个脚趾,是不对的。

三 wǔ

武

字的由来

"武"在甲骨文中写成 等,由两部分组成:上面是"戈",表示古代一种常见的兵器;下面是一只脚,也就是"止",在这里表示行走;合起来表示士兵拿着武器行进,目的是征伐或示威等。

"武"最初表示"跟军事、强力有关的",跟"文"相对,比如"武器、武力、武装、动武、文武双全"。

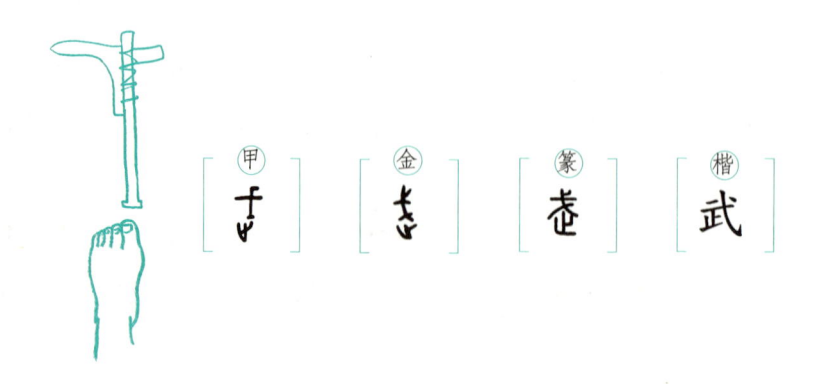

字的演变

进一步,"武"又表示"跟技击有关的",比如"武术、武打、武艺、比武"。

由拿着武器这样的字形构造,"武"也具有"勇武、勇猛"的意思,比如"英武、威武"。

由于"武"的字形中有一只脚,在古代,"武"也能表示"半步"。进一步,又可以泛泛地指脚步,比如"踵武"一词,原本的意思是踩着前人的足迹走,进而比喻效法或继承前人的事业。

字里字外

"武"的字形当中除了"止"以外的部分虽然是由"戈"演变而成的,但是不能再加撇。

五 | qí

歧

字的由来

"歧"由"止"和"支"组成。"止"是脚,在这里表示走路;"支"表示"歧"在古代的读音跟"支"接近,同时也把它表示"分支"的含义带入到整个字中。

针对"歧"最初所表示的意义,有两种主要意见。

一种意见认为,它最初是指"岔路,大路分出的路",比如"歧途、歧路";另一种意见认为,它最初是指"多余的脚趾",也就是通常所说的"六趾",而现在,这个意义主要由"跂"(qí)来表示。

按照第二种意见,因为多余的脚趾是从一旁分叉出去的,就好像从大路上分出的小路，于是，"歧"进一步又表示"岔路，大路分出的路"，也就是第一种意见认为的"歧"最初的意义。

《列子·说符》中记载了这样一个故事，讲的是有人把羊丢了，没有找着，原因是路上岔道太多，不知道该往哪条岔道上去找。后来，人们就用"歧路亡羊"来比喻因情况复杂多变而迷失方向，走入迷途。

·字的演变

由"从大路上分出的"这样的意思，"歧"进一步又能表示"不相同，有差异"，比如"歧义、歧视"等。

肯 | kěn

·字的由来

"肯"的金文字形由两部分组成：上面是"骨"字最初的写法；下面是"月"，表示肉。

"肯"最初是指"附着在骨头上的肉"。它的这个意义现在仍然保留在"中（zhòng）肯、肯綮（qìng）"等词语当中。"肯綮"原本是指筋骨结合的地方，用以比喻事物的关键所在。

·字的演变

"肯"还能表示同意，比如"首肯""我劝了半天，他就是不肯"。进而又能用在表示行为动作的词语前面，表示愿意、乐意，比如"肯帮助同学、他怎么都不肯说"。

| 一 | xiē |

些

🔲 · 字的由来

"些"由"此"和"二"组成。但是,对于这样的组合最初表示什么意义,现在还无法确定。

"些"在古代曾经作为表示语气的词,在《楚辞》当中使用过。但是,它的这种用法仅仅停留在古代,没有沿用下来。

🔲 · 字的演变

"些"可以用来表示微小的量,相当于"一点儿",比如"更大些、看得远些、病好了些"。

"些"也可以表示不确定的数量,比如"这些年、某些人、有些事、前些日子、多看些书"。

| cí |

雌

🔲 · 字的由来

"雌"由"此"和"隹"(zhuī)组成。"此"表示字的读音与之接近;"隹"是短尾巴的鸟,表示字的意义跟禽鸟有关。

"雌"最初是指"雌性的鸟"。

🔲 · 字的演变

由仅仅指"雌性的鸟","雌"进而可以指各种雌性的动物,跟"雄"相对,比如"雌蜂、雌兔";甚至还可以指雌性的植物,比如"雌花、雌蕊、雌株"。

攴（攵）部

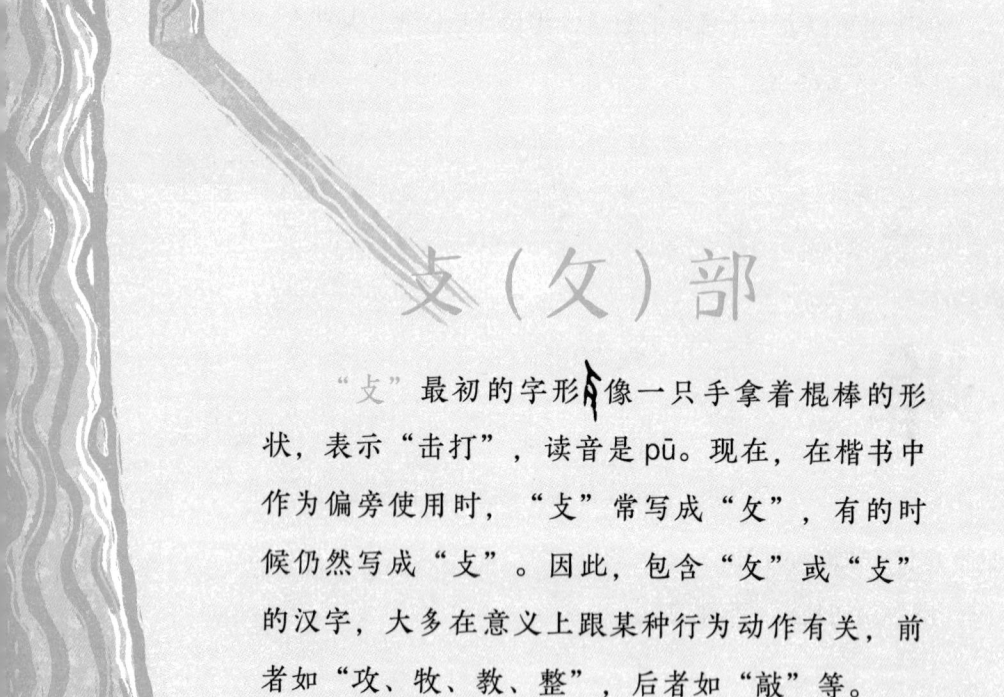

"攴"最初的字形像一只手拿着棍棒的形状，表示"击打"，读音是pū。现在，在楷书中作为偏旁使用时，"攴"常写成"攵"，有的时候仍然写成"攴"。因此，包含"攵"或"攴"的汉字，大多在意义上跟某种行为动作有关，前者如"攻、牧、教、整"，后者如"敲"等。

收 shōu

字的由来

"收"以前的字形由"丩"(jiū)和"攴"(pū)组成。"丩"表示"收"在古代的读音跟"丩"接近;"攴"像手持棍棒的形状,在这里表示字的意义跟某种行为动作有关。右边的"攴"到了楷书当中演变为"攵","收"就成了今天这样的写法。

"收"最初的意思是"逮捕、拘禁"。它的这个意义今天仍在"收押、收审、收监"等词语中使用。

字的演变

在逮捕犯人并把他们拘禁起来这样比较具体的意义基础上,"收"发展出"把散开的东西聚合到一起,把外面的事物拿到里面"的意思,比如"收集、收藏、收拾、把桌上的书收好"。在此基础上更进一步,"收"又发展出一系列相关的意义和用法。

第一,它可以表示"获得(经济利益)",比如"收入、收益、收支"。

第二,它可以表示"收获、收割(农作物)",比如"收成、秋收"。

第三,它可以表示"收取、收回",比如"收税、收复、没收、收房租"。

第四,它可以表示"接受、容纳",比如"收留、收礼物、收徒弟"。

第五,它可以表示"约束、控制(情感或行动)",比如"收敛""快开学了,得收收心了"。

第六,它可以表示"结束",比如"收工、收尾、收操、收场"。

四 zhèng 政

字的由来

"政"在甲骨文中写成 ᵇ 等，由两部分组成：左边是"正"，有"正确"的含义，同时也表示整个字的读音与之接近；右边是"攴"（pū），像手持棍棒的形状，在这里表示字的意义跟某种行为动作有关；合起来表示通过采取某种措施使之正确。到了楷书当中，右边的"攴"演变为"攵"，"政"就成了今天这样的写法。

"政"的字形蕴含的是"通过采取某种措施使之扭转并走向正确的方向"，也就是"纠正"的意思，进而，它就表示"使正确、治理"，那么也就跟治理国家有关的方略和措施产生了关联。这就是"政"表示"政治、政权"等意义的由来，比如"政府、政策、政党、当政、执政"。

字的演变

"政"也可以指"政府部门主管的业务"，比如"财政、民政、邮政"。

"政"往大了说是治理天下，往小了说也可以指治家，所以，它有时也指"家庭或集体生活中的事务"，比如"家政、校政"。

| 一 | gù |

·字的由来

"故"在金文中写成 𠭥 等，由两部分组成：左边是"古"，表示"故"的读音与之接近；右边是"攴"（pū），像手持棍棒的形状，表示字的意义跟某种行为动作有关。到了楷书当中，右边的"攴"演变为"攵"，"故"就成了今天这样的写法。

任何一种行为动作的发生必有其原因，"故"最初就表示"原因"，比如"缘故、不知何故、借故离开、无故缺席"。

[金] 𠭥　[篆] 故　[楷] 故

·字的演变

当"故"用在两个像句子一样的结构之间时，相当于"所以、因此"，也就意味着前面是后面的原因，比如"旧病复发，故不能如期返校"。

由指"事情发生的原因"，"故"进一步又指"事情"，特别是意外的或不幸的事情，比如"事故、变故"。

由"原因"的意思，"故"还可以表示"有意识地或有目的地去做"，也就是"故意"，比如"明知故犯、欲擒故纵、故作镇静"。

由于某种原因而发生某事，意味着事情已经发生了。由此可见，"故"也蕴含着"已经过去了"这样的含义，所以，"故"还能表示"原来的、过去的、旧的"，比如"故乡、故人、故居、温故知新"。有时候，"故"还特别地指"老朋友、旧交"，比如"一见如故、非亲非故"。

由"过去"的含义，"故"还可以用作对人死的委婉说法，比如"病故、故去、因病身故"。

四 | xiào

效

·字的由来

"效"在甲骨文中写成 等，由两部分组成：左边是一个两腿相交的人形，也就是"交"，表示"效"在古代的读音跟"交"接近；右边是"攴"（pū），像手持棍棒的形状，在这里表示字的意义跟某种行为动作有关。到了楷书当中，右边的"攴"演变为"攵"，"效"就成了今天这样的写法。

"效"最初的意思是"模仿"，比如"效法、仿效、上行下效"。表示这种意义的"效"曾经有过另外一种写法，是在现在字形的左边加上"亻"。不过，这种字形现在已经不再使用了。

[甲] [金] [篆] [楷]

·字的演变

模仿、效法一定会有结果，由此，"效"又有了"效果"的意思，比如"见效、无效、功效、成效、收效甚微"。

"效"还能表示"尽力献出（力量或生命）"，比如"效力、效劳、效命、报效祖国"等。表示这种意义的"效"曾经有过另外一种字形：左边为"交"，右边为"力"。现在，这种字形也不再使用了。

210

一 jiāo·jiào

字的由来

"教"在甲骨文中写成🈚等，可以拆分成三个部分：右边是"攴"（pū），像手持棍棒的形状，因为在古代，老师常常拿着戒尺一类的东西教导学生；左边下面是"子"，表示小孩，是接受教导的人；左边上面的两个"×"是某种符号，表示跟计算有关，因为古人常常用摆树枝、画"×"等方式记数，在这里可以理解为学习的内容，同时，两个"×"组成的"爻"（yáo）也表示"教"在古代的读音跟"爻"接近；三部分组合在一起，表示老师在指导学生学习。"教"在金文中写成🈚等，左上部略有变化，到了小篆，写成🈚，又回到甲骨文的样子。到了楷书当中，左上方的两个"×"有所变化，右边的"攴"演变为"攵"，"教"就成了今天这样的写法。

"教"最初表示"教导、教育"，读音是 jiào，比如"管教、请教、受教、因材施教、言传身教"。

字的演变

"教"在"教导、教育"意义的基础上逐渐发展，后来又可以指"宗教"，比如"佛教、信教、传教、教徒、基督教"。

此外，"教"还能读 jiāo，表示"传授知识或技能"，强调的是"教授"这种具体的行为动作，比如"教课、教书、教唱歌、教孩子识字"。

"教"还有"使、令、让"的意思，比如"他教我来找你""这事教她很为难"。当表示这种意义时，"教"以前读 jiāo，现在读成 jiào。不过，现在一般用"叫"来代替"教"表示这个意义。

211

jiù

字的由来

"救"在金文中写成 🈯 等，由两部分组成：左边是"求"，表示"救"在古代的读音跟"求"接近；右边是"攴"（pū），像手持棍棒的形状，在这里表示字的意义跟某种行为动作有关。到了楷书当中，右边的"攴"演变为"攵"，"救"就成了今天这样的写法。

"救"曾经还有另外一种写法：左边是"扌"，表示字的意思跟动作有关；右边是"求"，起表示读音的作用。不过，这种字形现在已经不再使用了。

"救"最初表示"阻止"。我们今天所使用的"救火、救灾、救急、救亡"等词语中的"救"实际上就有这样的含义，具体来说，是采取措施，阻止灾难、危险发生或继续。

字的演变

从另一个角度来看，阻止灾难或危险就是援助，所以，"救"又有"援助他人，使脱离危险或免遭灾难"的意思，比如"抢救、营救、拯救、救死扶伤、一定要想办法把他救出来"。

mǐn

字的由来

"敏"在甲骨文中写成 等，左边像突出了头发的一个人的形状，也就是后来的"每"，在这里也表示"敏"的读音与之接近；右边是"又"，表示手；合起来表示一个人用手整理头发。也有的字形右边用"攴"（pū）代替"又"。"攴"像手持棍棒的形状，表示"敏"的意思跟某种行为动作有关。小篆字形沿用了右边为"攴"的写法。到了楷书当中，"攴"演变为"攵"，"敏"就成了今天这样的写法。

"敏"最初表示"动作快"。这正是它在"灵敏、敏捷、敏感"等词语中所表示的意义。

[甲] [金] [篆] [楷]

字的演变

如果是脑子反应快的话，通常也意味着聪明、机灵，所以，"敏"又有"聪明"的意思，比如"聪敏、敏慧"。

liǎn

字的由来

"敛"在金文中写成 等，由两部分组成：左边是"佥"（qiān），表示"敛"在古代的读音跟"佥"接近；右边是"攴"（pū），像手持棍棒的形状，表示"敛"的意义跟某种行为动作有关。到了楷书当中，右边的"攴"演变为"攵"，左边的"佥"再经过进一步简化，"敛"就成了今天这样的写法。

"敛"最初的意义是"收集、收聚"，比如"敛财、聚敛、横征暴敛、把手头的零钱敛一敛"。

[金] [篆] [楷] 敛
（斂）

· 字的演变

由"收"的意思，"敛"进一步又能表示"约束"，比如"收敛"；又如"敛容"，意思是收起笑容等面部神情，脸色变得严肃。

敢 | gǎn

· 字的由来

"敢"在甲骨文中写成 等，可以拆分成三个部分：上面是某种野兽的形状；中间是捕猎工具；下面左右各有一只手；合起来表示用手拿着捕猎工具攻击野兽。到了金文当中，写成 等，原来的野兽、捕猎工具等已经变得不像了。从甲骨文到金文，再到小篆，字形不断演变，到了楷书字形，已经跟最初的字形差别很大了，字形跟意义之间的联系也越来越不明显了。

"敢"最初的字形是用手拿捕猎工具攻击野兽这样比较具体的形象来表示"有勇气、有胆量"的意思。这也是"敢"直到今天仍然常用的意义，比如"勇敢、果敢"。

[甲] [金] [篆] [楷] 敢

214

字的演变

"敢"进一步又表示"有勇气做某事",比如"敢作敢为、敢于冒险"。现在也表示"有把握做出某种推断",比如"我敢说明天一定下雨"。

再进一步,"敢"又可以用在表示行为动作的词语前面,表示自己的行动冒昧,是一种谦逊的表达方式,比如"敢问、敢请"。

在有些地区,"敢"还能表示"莫非、大概"等意思,比如:"敢是老师回来了?"意思相当于:"莫非是老师回来了?"

| 一 | sǎn · sàn |

字的由来

"散"在甲骨文中写成 等,右边是"攴"(pū),像手持棍棒的形状;左边像草木之类的形状,表示事物散开分布的状态;合起来表示通过敲打的方式使事物分散开。也有的字形在左下方增加了"月(肉)"。许慎《说文解字》根据后一种字形认为,"散"最初是指"杂肉"。不过,也有文字学家持不同观点。后来,左上角的"林"又演变为"艹",右边的"攴"到了楷书当中变为"攵","散"就成了今天这样的写法。

尽管对于"散"最初意义的解释观点不一,但是文字学家较为一致的意见是,"散"早期的主要意义是表示"(聚在一起的人或物)分开",也就是"分散、散开",读音是 sàn,比如"解散、散场、一哄而散、烟消云散、会已经散了"。

🔄 ·字的演变

"散"进一步表示"使分开、分发"的意思，比如"散布、散播、发散"。

"发散"的意思如果用在人的情绪方面，就是"排除、排遣"，比如"散心"。

分开的事物就不在一起了，由此，"散"就有了"没有约束、不集中"的意思，读音是 sǎn，比如"散漫、散架、松散、一盘散沙"。

由"分开"的意思，"散"进一步还可以指"零碎的、不成整体的"，比如"散装、散座"等。

在"分开"意思的基础上，"散"有时又指"粉末状的药物"，如"丸散膏丹"；并且多用于中药名，比如"健胃消食散"。

敬 jìng

·字的由来

"敬"在金文中写成 等，左边是"苟"（jì），表示"警惕、谨慎"等意思，同时也表示"敬"在古代的读音跟"苟"接近；右边是"支"（pū），像手持棍棒的形状；合起来表示做事要恭谨、严肃、认真、专心致志。到了楷书当中，右边的"支"演变为"攵"，而左边的"苟"后来又被字形相近的"苟"代替，"敬"就成了今天这样的写法。

"敬"最初的意义是"严肃、认真、专心致志"。现在，它的这个意义仍然保留在"敬业"等词语当中。

[金] [篆] [楷]

·字的演变

在尊长面前保持严肃、恭谨的态度是为了表示对尊长的尊重，于是，"敬"就有了"尊敬"的意思，比如"敬重、敬仰、肃然起敬"。

由"尊敬"进一步又有了"恭敬"的意思，比如"敬请指教、敬谢不敏"。

在"尊敬"的意思基础上，"敬"还能表示"有礼貌地送上（饮食等）"，比如"敬烟、敬酒、敬茶、我敬您一杯"。

敞 chǎng

·字的由来

"敞"以前的字形由"尚"和"攴"（pū）组成。"尚"最初的字形像房子之类的建筑物，上面用"八"表示分开，所以它本身就蕴含了"敞开"的意思，同时也表示"敞"在古代的读音跟"尚"接近；"攴"（pū）像手持棍棒的形状，表示某种动作行为。到了楷书当中，右边的"攴"演变为"攵"，"敞"就成了今天这样的写法。

把一个封闭的空间敞开，其结果是显得宽敞、豁亮，因此，"敞"最初表示的应该就是"宽阔、豁亮、没有遮拦"的意思，比如"宽敞、敞亮"。

·字的演变

而当表示行为动作时，"敞"就有"打开、张开、使显露"等意思，比如"敞着门、敞着口儿、敞开胸怀"。

| duì · dūn |

字的由来

"敦"在金文中写成 等，左边上面像某种盛装食物的器皿，下面是羊，上下两部分合起来是一个在古代读成 chún 的字，也就是后来小篆字形 的左半边，在这里也表示"敦"在古代的读音与它接近；右边是"攴"（pū），像手持棍棒的形状，表示某种行为动作。后来，左边演变为"享"的繁体形式，又简化成现在的写法，而右边的"攴"到了楷书当中变为"攵"，"敦"就成了今天这样的写法。

"敦"表示古代盛装黍、稷等食物的器皿时，读音是 duì。这种器具在战国时期曾经很流行。

当"敦"表示行为动作时，主要表示"督促"等意思，读音是 dūn，比如"敦促"。

·敦

[金] [篆] [楷]

字的演变

"敦"还能表示"忠厚、诚恳"的意思，比如"敦厚"，又如"敦请"就是诚恳地邀请或请求。

由"忠厚"的意思，"敦"跟"厚"的意思发生了联系，逐渐又发展出"厚实、结实"等意思，比如"敦实"。

一 shǔ · shù · shuò

·字的由来

"数"以前的字形由"娄"(lóu)的繁体形式和"攴"(pū)组成。"娄"有"连续"的意思,同时也表示"数"在古代的读音跟"娄"接近;"攴"像手持棍棒的形状,在这里表示"数"的意义跟某种行为动作有关;合起来表示一个一个地点数、计算。到了楷书当中,右边的"攴"演变为"攵",后来"娄"的繁体形式又被简化,"数"就成了今天这样的写法。

"数"最初的意思是"点数、计算",读音是 shǔ,比如"数(shǔ)数(shù)、不可胜数、从一数到十、你数一下到了多少人"。

·字的演变

计算实际上也是一种比较,由此,"数"进一步表示"计算起来或比较起来(最突出)",比如"数一数二、同学当中数它最小"。

由一个一个地点数,"数"进一步又可以表示"一一列举罪过(加以责备)",比如"数落、数说"。

在"点数、计算"的意义基础上,"数"又可以表示"数目",读音是 shù,比如"人数、次数、岁数、数字、数量、不计其数"。

再进一步,"数"又表示不确定的数,也就是"几,几个",比如"数十人、数小时"等。

"数"在数学上表示事物的量的基本概念,比如"整数、分数、小数、偶数、实数、负数、无理数"。"数"还是一种语法范畴,表示词语所指的事物的数量,比如英语中表示名物的词有单数、复数两种形式。显然,"数"在数学上和语法上的这两种用法也都是从它表示"数目"的意义基础上发展而来的。

古代的占卜跟计算有关,所以,"数"还能表示迷信所说的"天命、命运",比如"劫数、命数、气数"。

由一一点数的意思,"数"进一步还表示"频繁、屡次",比如"数见不鲜"等。在这种情况下,"数"今天读 shuò。

敷 | fū |

·字的由来

"敷"以前的写法跟现在略有不同,左边是"尃"(fū),表示"布施"的意思,同时也表示"敷"的读音与之接近;右边是"攴"(pū),像手持棍棒的形状,在这里表示"敷"的意义跟某种行为动作有关。后来,在民间出现另外一种写法,把原来字形左下角的"寸"用"方"代替,而右边的"攴"到了楷书当中变为"攵",于是就有了今天这样的写法,并且被确定为规范字形。

"敷"最初表示"布施"。不过,它的这个意义仅仅停留在古代,没有沿用下来。

·字的演变

"布施"中包含了"散、发"的意思,在这个基础上,"敷"又能表示"铺开、铺陈"的意思,比如"敷设"。

由"铺开"的意思,"敷"进一步又能表示"涂抹、搽",比如"敷药、敷粉、把药膏敷在伤口上"。

能够铺开,意味着有足够的东西,于是,"敷"还能表示"足够",比如"入不敷出、不敷使用"。

二 zhěng

·字的由来

"整"在金文中写成 等，由三部分组成：左上是"束"，表示"捆束、约束"的意思；左下是"正"，有"规整、齐整"的意思，同时还表示"整"的读音跟"正"接近；右边是"攴"（pū），像手持棍棒的形状，表示"整"的意义跟某种行为动作有关；合起来表示用手捆束、整理使变得规整、整齐。后来，右边的"攴"逐渐变小，跟"束"一起左右并列，都跑到了"正"的上面，"整"就变成了像今天这样的上下结构。到了楷书当中，"攴"变为"攵"，于是就有了今天这样的写法。

"整"最初表示"通过治理、约束使变得有条理、有秩序"，也就是"整理"，比如"整顿、整装待发、重整旗鼓"。

·字的演变

"整"进一步又表示整理的结果，也就是"整齐"，比如"整洁、规整、工整、衣冠不整"。

由"整理"的意思进一步又指"修理"，比如"整修、整旧如新"。

修理是一种矫正的行为，于是，"整"又表示"使人吃苦头"，比如："他被整得好惨！"

在有些地区，"整"还有"做、搞、弄"的意思，这也是在"修理"的意思基础上发展出来的，比如"书包整坏了、这事可不好整"。

整齐、规整通常也意味着完整、没有残缺，由此，"整"又能表示"完整的、没有缺损的"，比如"整天、八点整、化整为零、整套衣服"。

日（曰、日）部

"日"在甲骨文中写成⊙等，描画的是太阳的形状，它最初的意思就是太阳。

现在被归到"日"部的字，大致有几种情况。

一是字的意思与"太阳"有关，例如"旭、旺、明、映、晒、晃、暑、景、暖"。

二是字的意思与"时间"有关，而且有的字里面的"日"是把太阳当作了参照物，比如"旦、昨、晓、晨、晚、暂、暇"。

但是，现在也有一些被归到"日"部的字，只是由于它们的某个部分在字形上与"日"接近而已，其实原本并不是"日"，所以这些字的意思也都与"日"无关，比如"曹、替、智、曾"。

另外，由于字形接近，"曰"和以"曰"为部首的汉字也被并到了"日"部。

四 yuē

·字的由来

"曰"在甲骨文、金文里的字形，主体部分描画的都是嘴的形状，即"口"字；"口"的上边则是一个表示气流的笔道。

"曰"最初的意思是说，例如《论语·学而》："子曰：'学而时习之，不亦说乎？'"又如《孟子·梁惠王下》中的"国人皆曰可杀"。

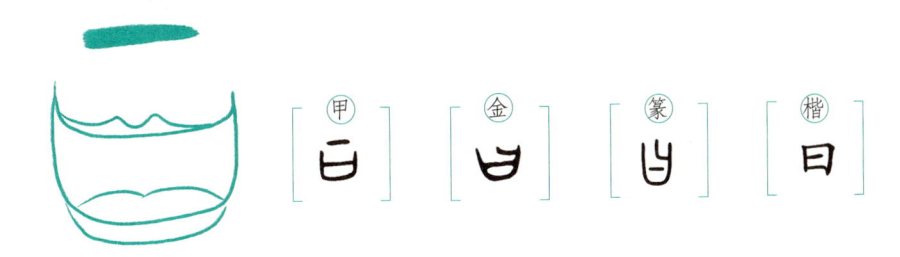

[甲] 曰　[金] 曰　[篆] 曰　[楷] 曰

·字的演变

因为与说话有关，所以"曰"后来也产生了"叫作、称为"这样的意思，比如晚清至民国初年文人徐珂（kē）编著的《清稗（bài）类钞·战事类》里面有一篇《冯婉贞胜英人于谢庄》，文章中就有"有村曰谢庄"。

字里字外

"日"与"曰"字形十分相似，相对而言，"曰"扁而宽，"日"窄且高，书写的时候要留意。

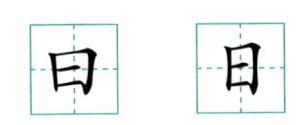

曰　日

| ㄧ | rì |

字的由来

"日"在甲骨文、金文里的字形，描画的都是太阳的形状。到了小篆，外面的边框开始变得方正起来，再到楷书，外面完全变成了长方形。

"日"最初指的就是太阳，例如"日光、日出、日上三竿、遮天蔽日"，又如李白《望天门山》："两岸青山相对出，孤帆一片日边来。"

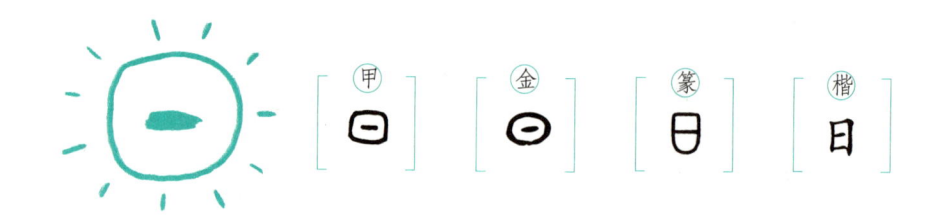

[甲] [金] [篆] [楷]

字的演变

由于地球围绕着太阳公转并自转，于是地球上就出现了周而复始的昼夜，同时也产生了各种时间概念，所以"日"后来也产生了与昼夜、时间等有关的多种意思。

第一种意思是"白天、白昼"等，比如"日班工作、夜以继日"。

第二种是"一昼夜、一整天"等，比如"明日、日程表、今日要闻"。

第三种是"某一天"，例如"生日、纪念日、开学日、少先队日"。

第四种是"每天、一天天"等，比如"日记、日益强大、日新月异"。

第五种是"时候、一段时间"等，比如"往日、夏日"，又如宋代理学家、教育家朱熹《春日》："胜日寻芳泗水滨，无边光景一时新。"

第六种是"计算天数"，例如"七日旅行、连续多日比赛"。

此外，"日"也可以表示"日本"，如"日元、日裔、中日关系"。

·两岸青山相对出,孤帆一片日边来。

四 | dàn

字的由来

"旦"在甲骨文里写成 ⊙，在金文里写成 ⊙ 等，上边都是表示太阳的"日"；而对于下边表示什么，则存在着不同看法，一些意见认为表示太阳的影子，而另一些意见则认为表示泥土和地面，所以小篆的时候演变成了"一"。

"旦"最初的意思是天亮时分、早晨，例如"通宵达旦、枕戈待旦"，又如《木兰诗》："旦辞爷娘去，暮宿黄河边。"

[甲] [金] [篆] [楷]

字的演变

"旦"也可以表示某一天，比如"一旦、元旦"等。"一旦"最初指的是一天之内、一天之间，例如《战国策·燕策二》："一旦而马价十倍。"句子的大意是说，马的售价在一天之内涨了十倍。后来，它也可以表示"有一天、有朝一日"等，比如《旧唐书·列传第二十五》："若师出之后，内盗乘虚，一旦有变，祸将不小。"这是隋朝一位名叫韦云起的老臣向隋炀帝递呈的奏章中的一句话。当时隋炀帝正打算出兵征讨起兵反隋的王世充。韦云起这句话的意思是说大兵出征，国内难免空虚，一旦盗匪趁机兴风作浪，将会引起很大的祸患。

"旦"也可以表示传统戏曲中扮演女性的角色行当，有青衣、花旦、老旦和武旦等区别。

字里字外

我国当代表演艺术家梅兰芳先生就是著名的京剧旦角演员。抗战时期，梅兰芳先生拒绝为侵略者演出。为了表示他的决心和意志，梅先生"蓄须明志"，以留胡须的方式表达了自己宁可不登台，也决不为侵略者演出的气节。

一 zǎo 早

字的由来

"早"在春秋战国时期的字形大致有两种：一种相对复杂的形式由"日"和下边的"枣"构成，"日"表示字的意思与太阳有关，"枣"表示字的读音与它接近；而比较简单的形式则由"日"和下边的"甲"或者"十"构成，同时，下边也有类似草的形状。对这几种比较简单的字形，一般认为它们表示太阳处在草木或者植物的籽实和种子等上面，因为这里的"甲"表示植物种子等外面的硬壳。

"早"最初的意思是太阳刚刚升起来的时候，也就是早晨，比如"早操、清早、早出晚归"，又如白居易《钱塘湖春行》中的"几处早莺争暖树"，描写的是清早起来的黄莺争相飞到向阳的树枝上。

字的演变

由表示"早晨"，"早"后来也产生了与此相关的几种意思。

第一种是"时间在先的"，例如"早先、早期、早稻、早些时候"。

第二种是"比一定的时间靠前"，如"早恋、早熟、明天早点起床"。

227

第三种是"早已，离事情发生已经过了一段时间"等，比如"作业早就写完了、车队早过去了"。

第四种是早晨见面的时候互相打招呼，如："李老师，早！"

三 | xù | 旭

·字的由来

"旭"左下方的"九"表示字的读音在古代与它接近，右上的"日"表示字的意思与太阳有关。

"旭"最初指的是太阳初升的样子，如"旭日东升"，又如陶渊明《归园田居》其五："欢来苦夕短，已复至天旭。"大意是夜晚的欢乐令人流连，可是这样的夜晚太短暂了，外面已经又是太阳初升的景象了。

·字的演变

"旭"在古代也可以表示太阳和阳光，例如唐代诗人元稹《八月六日与僧如展、前松滋主簿韦戴同游碧涧寺》中的"穿廊玉涧喷红旭"，大意是溪流穿过廊子，一轮红日喷薄而出。

字里字外

需要注意的是，"旭"的左下部分是数字"九"，它和"尴尬"这两个字左下方的"尢"（wǎng）不一样，书写的时候一定不要混淆。

旭　尴　尬

| 四 | hàn |

·字的由来

"旱"这个字上边的"日"表示字的意思与太阳有关,下边的"干"表示字的读音与它接近。与此同时,也有意见认为,"干"在古代与表示干燥等意思的"干（乾）"读音相近,所以,"干"也间接表示"旱"的意思与干燥有关。

"旱"最初的意思是长时间没有降水或者降水极少,而由于降水少则意味着晴天多,所以字里面就包含了与晴天相关的"日",比如"旱季、旱灾、干旱、抗旱保收"。

·字的演变

以"降水少"为基础,"旱"还可以表示以下几种意思。

第一,跟水无关的,如"旱伞、滑旱冰"。

第二,非水田的、陆地上的,例如"旱地、旱稻、跑旱船"。

第三,陆地交通,如"旱路、旱桥"。

| 一 | shí |

·字的由来

"时"在甲骨文中写成🕉,在金文中写成🕉等,上边都是"之"的古文字形,下边则是"日"。"之"表示"时"的读音与它接近,"日"则表示"时"的意思与太阳有关。到了小篆,写成🕉,"之"的下边又增加了"寸",演变成"寺","寺"同样表示"时"的读音与它接近。后来到汉字简化的时候,又去掉

229

了"寸"上边"之"的变形,而保留下来的"寸"由于具有计量单位的含义,所以也表示"时"的意思与计量有关。

"时"最初指的是一年四季中的任何季节,因为四季与太阳有关,所以字形中包含了"日",例如"时令、应时水果",又如宋代文学家欧阳修《醉翁亭记》:"四时之景不同,而乐亦无穷也。"

[甲] [金] [篆] [楷]

字的演变

由于季节总是与时间有关,所以,"时"随后就产生了与时间有关的若干种意思。

第一种是"比较长的一段时间",如"时代、古时、盛极一时"。

第二种是"时辰",比如"申时、卯时"。

第三种是"某个时候、规定的时候",例如"准时、上课时、过时不候、按时完成作业"。

第四种是"当前、现在",如"时下、时事要闻、时政报告"。

第五种是"计算时间的单位,即小时",比如"明天上午七时集合"。

第六种是"时机",如"待时而动",又如李白《行路难三首》:"长风破浪会有时,直挂云帆济沧海。"

第七种是"时尚、时俗",例如"时髦、打扮很入时"。

第八种是"经常、常常",比如"时常、时时",又如明代文学家归有光《项脊轩志》中的"小鸟时来啄食"。

此外,"时……时……"这种用法表示"有时候",意思和"时而……时而……"相同,如"时有时无、时快时慢、时断时续、时冷时热"。

五　kuàng

旷

·字的由来

"旷"左边的"日"表示字的意思与太阳有关，右边原本是"广"的繁体字形，一方面表示字的读音与它接近，同时也表示字的意思与广大有关。

"旷"最初的意思是范围很广阔的明亮，例如《后汉书·窦融列传》中的"义士则旷若发蒙"，句子的大意是义气深重的人（读了窦融的信之后）心中敞亮，如同拨开了蒙眼的事物。

·字的演变

由于含有"广阔"的意思，所以，"旷"随之也就产生了"广阔、广大、空旷"等含义，比如"旷远、空旷、旷野千里"，又如陶渊明《桃花源诗并记》中的"土地平旷"。

进而，"旷"也可以表示人的"心境开阔"，如"旷达、心旷神怡"。

再进一步，"旷"还可以表示"相互配合或者彼此接触的东西之间空隙过大"，比如"这双鞋我穿着有点旷"。

空旷的野外常常意味着荒凉、荒芜以及没有任何作为，所以"旷"后来也产生了"荒废、耽误"等意思，例如"旷课、旷工、旷日持久"。

四 xī

字的由来

"昔"在甲骨文中写成🌊，在金文中写成🌊，下边是"日"，表示"昔"的意思与太阳或者时间有关。但是，上边曲折画痕的部分究竟表示什么，历来意见都不统一。现在比较集中的意见有两种：一种意见认为表示洪水、大水等；另一种意见则认为表示干肉、肉干等。

以上面这两种意见为基础，对于"昔"的解释主要也有两种。

一种解释认为"昔"表示地球上洪水泛滥的远古时期，所以"昔"后来就有了"往日、从前"等意思，比如"昔日、往昔、今非昔比"，又如唐代诗人崔颢（hào）《黄鹤楼》中的"昔人已乘黄鹤去"。

另一种解释则认为"昔"表示在日光下晒干了的干肉，也就是相当于"腊"，后来才被借去表示"往日"这样的意思。

当然也有意见认为，由于"往日"表示时间久远，而"干肉"是长时间晾晒、风干的结果，所以，"昔"就由"往日"的意思逐渐产生了"干肉"的含义。反过来也一样，同样有意见认为，由于"干肉"蕴含着"长时间"的意思，所以，"昔"也可以由"干肉"发展出"往日"的含义。

[甲] [金] [篆] [楷]

旺 | = | wàng

·字的由来

"旺"左边的"日"表示字的意思与太阳有关,右边的"王"表示字的读音与它接近。

"旺"最初既表示太阳周围的光晕,也表示阳光炽盛。但是在表示这些很具体的意思时,古代文献中一般也很少使用。

·字的演变

后来,"旺"产生了火势炽烈、兴旺、旺盛等含义,比如"旺季、兴旺发达、火势很旺",又如李大钊《"五一"纪念日于现在中国劳动界的意义》:"所以我们要求工作八小时,游玩八小时,休息八小时……可以回覆身体的健康、精神的畅旺。"

与此同时,"旺"在一些地区也可以表示"充足、多",如"母亲的奶水很旺"。

昆 | = | kūn

·字的由来

"昆"在甲骨文中写成 等,对于上边的"日",有意见认为它表示太阳,也有意见认为它最初的字形像多种事物混作一团的样子,还有意见认为它像昆虫的躯体;下边的"比"本身在古文字中是两个人的形象,所以有意见认为它表示多个人,但是在"鹿"等一些汉字里,"比"描画的是动物的脚,所以也有意见认为"昆"下边的"比"描画的是昆虫的脚。

因此，对"昆"这个字最初表示什么也存在着多种解释：一种解释认为它表示"昆虫"，后来又被借去表示其他意思；另一种意见则认为，由于字形中含有多个人或者多种事物，所以它表示"相同、共同"，后来则被借去表示"昆虫"等含义。此外，也存在着其他一些解释意见。

在诸多解释中，清代文字学家段玉裁在《说文解字注》里面的解释比较有概括性。他认为，昆虫由于冬季蛰伏，春天苏醒，所以，这种现象显然与阳光照耀有关，而且，在同一个太阳普照下，众多昆虫基本上会一起从冬眠中醒来，因此，"昆"这个字实际上与字形上边的"日"有关，而且也同"昆虫、众多、共同"等意思都有联系。

[金] 昆　[篆] 昆　[楷] 昆

·字的演变

"昆"现在一般用于"昆虫"，指的是节肢动物的一大类。但是在古代，还有一个表示"昆虫"的字，写成"蚰"，读音也是 kūn。

以"众多、共同"等意思为基础，"昆"后来也可以表示人群中的长幼关系，它既可以表示排行靠前的兄长等，如"昆仲、昆季"，也可以表示年幼的子孙以及后嗣，如"昆孙、后昆"。

与此同时，由于在元代的时候，现在的江苏省昆山市产生了一种戏曲形式并且一直流传至今，后来就把这种戏曲形式称作"昆曲、昆剧"或者"昆腔"。

此外，"昆"也用于"昆仑"，指的是位于我国新疆、西藏和青海的一道山脉，例如唐代文学家韩愈《杂诗》之三："昆仑高万里。"

二 |chāng|

字的由来

"昌"在甲骨文里写成 昌 等，上边是"日"，表示字的意思与太阳有关；下边是"口"，表示字的意思与人的嘴有关。到小篆的时候，下边的"口"演变成了表示气流从口腔呼出的"曰"。

"昌"最初的意思是早晨太阳出来的时候呼唤人们起床做事，这种呼唤声带有一定的调子，相当于"唱"。

| 甲 | 金 | 篆 | 楷 |

字的演变

也有意见认为"昌"表示美好的言辞，也表示阳光炽盛，而实际上"太阳出来时的呼唤声"这种意思已经包含了"美好、阳光"这样的意思。因此，"昌"后来主要表示"旺盛、兴盛"等意思，例如"昌盛、昌华、昌隆"等；也表示"美好、正当（dàng）"，如"昌言"。

字里字外

1927年8月1日，周恩来、贺龙、叶挺、朱德、刘伯承等人领导革命军在南昌发动武装起义，打响了武装反抗国民党反动统治的第一枪，从此建立了中国人民的革命军队，这次起义史称"南昌起义"。后来，每年8月1日也被定为"建军节"。

明 míng

· 字的由来

"明"在甲骨文、金文以及小篆里的字形都有两种：第一种是下图第一行的字形，左边是"日"，右边是"月"；第二种是下图第二行的字形，左边是表示窗户的"囧"（jiǒng），右边也是"月"。到楷书的时候，字形统一为由"日、月"构成的"明"。由"日、月"构成的"明"表示字的意思与太阳和月亮有关；由"囧、月"构成的字形则表示字的意思与月光透过窗户有关。

"明"最初的意思是亮，例如"明亮、明媚、光明、月明风清、窗明几净"，又如杜甫《春夜喜雨》："江船火独明。"

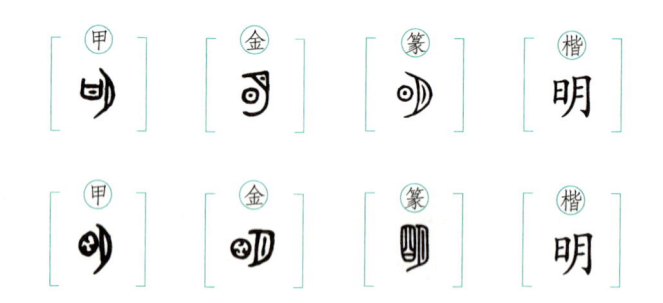

· 字的演变

由于光亮、明亮也意味着明晰和能够看清楚，所以，"明"后来就产生了与此相关的多种意思。

第一种意思是"明白、清楚"，例如"态度明朗、去向不明"。

第二种是"公开、不隐蔽、显露在外"，比如"明信片、明令禁止"。

第三种是"眼力好、看法正确、对事物现象看得清"，如"聪明、精明强干、眼明手快"。

第四种是"视觉"，例如"双目失明"。

第五种是"懂得、了解"，如"明了、深明大义"。

第六种是"表明、显示",比如"宣誓明志、开宗明义"。

第七种是"明明",例如"明知山有虎,偏向虎山行"。

此外,由于经过黑夜之后,再到天亮时分已经是第二天,所以"明"就产生了"次于今天的"这样的意思,以至后来还产生了"次于今年的"这类含义,比如"明天、明年"。

"明"还是我国一个历史朝代的名称,在元朝之后,清朝之前,公元1368年由明太祖朱元璋建立,公元1644年灭亡。

易 yì

字的由来

"易"在甲骨文里的第一种字形是，上边是两个容器形状,下边是两只手的形状,表示把一个容器里的水等倒进另一个容器里面。

"易"在甲骨文里的第二种字形是，在金文中写成等,左边都是水一类液体的形象,右边则是表示容器的"匜"(yí),仍然表示把水等倒进容器里。金文的第二种字形是，"匜"的形状有所改变,表示水等液体的水滴形状也变成了几个"撇"状笔道,所以到小篆的时候就演变成了上边"日"、下边"勿"的"易",以致东汉许慎的《说文解字》便根据小篆字形,把"易"解释成了"蜥蜴"的象形字。

其实,"易"在甲骨文、金文里的字形很清楚,最初意思应当是倾倒、倾注,随之便表示"给予、赐予",例如《商君书·错法》:"夫离朱见秋豪百步之外,而不能以明目易人。"离朱是神话传说中的人物,据说他视力特别好,这句话大意是说离朱在百步之外能看清飞鸟的绒毛,但是他并不能把自己的眼睛送给别人。

[甲] [甲]

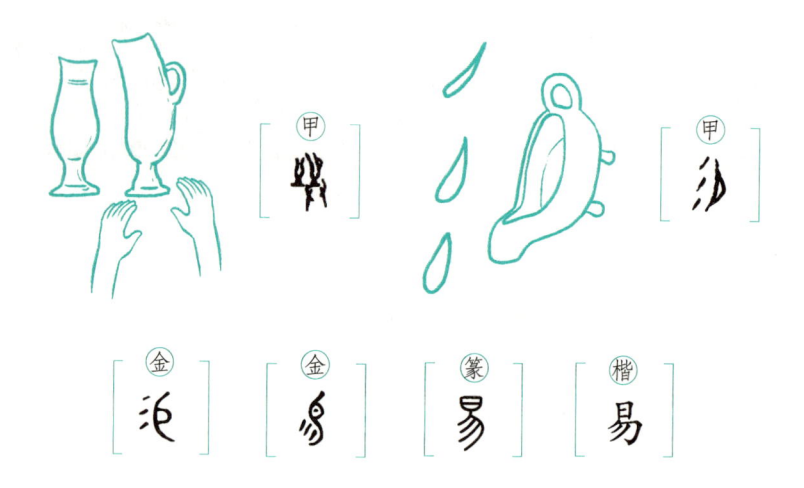

[金] [金] [篆] [楷]

·字的演变

后来，由于把东西给人之后，拥有东西的人事实上就发生了改变，于是"易"也就产生了"转换、更改、变换"等意思，比如"变易、移风易俗"。

与此同时，由于商贸往来、商品交换等也属于事物的转换，所以，"易"就产生了"交换"的意思，比如"交易、贸易、以物易物"。

"易"也被借去表示"容易、做起来不费事的"，比如"易如反掌、来之不易"。它还可以表示"平和"，如"平易近人"。

昂

| 四 | áng |

·字的由来

"昂"上边的"日"表示字的意思与太阳有关，下边的"卬"在古代有 yǎng 这样一种读音，而且由于它本身就有"仰望、抬起头"等意思，所以既表示"昂"的读音与它接近，也表示"昂"的意思与抬头等有关。

"昂"最初表示太阳升起，同时也表示抬头、抬起、抬高等，例如"昂首挺胸"，又如唐代诗人任华《寄杜拾遗》："半醉起舞捋（lǚ）髭（zī）须，乍低乍昂傍若无。"标题中的"杜拾遗"指的是诗圣杜甫，因为他曾经做过"左拾遗"的官，所以就有了这样的称呼。诗句的大意是饮酒饮到有些醉意的时候翩然起舞，一边用手捋胡须，一边俯首、抬头，身体也随之高低起伏。

"昂"后来也可以表示人的情绪、事物的价值等"高、高涨"等意思，比如"昂贵、斗志昂扬"等。"雄赳赳，气昂昂"，这是中国人民志愿军援助朝鲜人民抵抗外来侵略、保家卫国英雄壮举的真实写照。

字里字外

需要注意的是，"昂"的下边不是"卯"，不要多写一撇。

| 一 | chūn |

字的由来

"春"在甲骨文里写成 等，左边的上、下都是草的形状，中间则是"日"；右边是"屯"。到金文的时候，两个草的形状并排处于字的最上边，"屯"到了字的中间，"日"则移到了字的右下侧。小篆基本继承了金文字形。楷书则把"艹"

239

和"屯"合在一起，演变成了"夨"。

阳光和草显然都与春天有关，而"屯"除了表示"春"的读音与它接近，也有意见认为它同时也表示"春"的意思与它有关，但是这里面又有两种不同意见：一种意见认为"屯"最初是草木发芽的形状，所以意味着草木萌芽的季节，也就是春天；而另一种意见则认为"屯"最初的字形表示一种绕线工具，它的作用是把丝线等聚集到一起，所以"屯"意味着经过冬眠的植物等已经积聚了很大的能量，正好要在春天来临的时候焕发出新的生机。

"春"最初指的是一年四季中的春季，例如"四季如春、一年之计在于春"，又如唐代诗人白居易《忆江南》："日出江花红胜火，春来江水绿如蓝。"

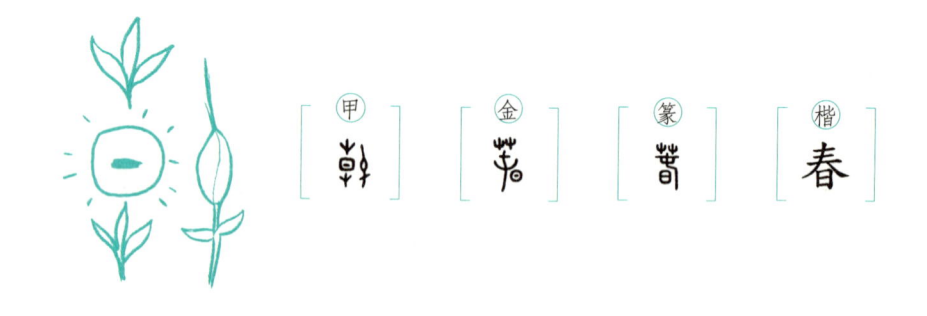

字的演变

"春"后来还可以表示一年的时间，比如唐代诗人高适《人日寄杜二拾遗》："一卧东山三十春。"标题中的"杜二拾遗"指的是诗圣杜甫。

由于春天是万物萌动的季节，所以，"春"后来也可以表示"生机"以及"人的情欲"等，如"妙手回春""少女怀春"。

| 四 | mèi |

字的由来

"昧"在金文中写成🈳等,是上下结构,到小篆以后写成🈳,演变成左右结构。"昧"左边的"日"表示字的意思与太阳有关,右边的"未"表示字的读音与它接近。

"昧"最初表示天将亮未亮的时候,随之表示"昏暗",比如"幽昧",又如屈原《九章·怀沙》中的"日昧昧其将暮",大意是日光昏暗,就要到黄昏了。

[金] [篆] [楷]

字的演变

由于昏暗常常意味着看不见东西,所以"昧"也可以表示隐藏,例如"拾金不昧"。

如果人的头脑不清醒,也可以看作是一种昏暗、不清晰,因此,"昧"后来也产生了"糊涂、不明白"等意思,如"愚昧、素昧平生"。

而人如果犯糊涂,往往就会做出不恰当的行为,所以,"昧"也可以表示冒犯,比如"冒昧"。

| 一 | shì |

·字的由来

"是"这个字在小篆中写成"昰",再到楷书则演变成我们今天使用的"是"。于是,《说文解字》根据小篆字形,认为"是"表示太阳正,于是把"是"解释为"直也"。

但是,观察"是"在金文里的字形，上边并不是"日",下边也不是"正",而是"止"。因此,围绕"是"的金文字形,有很多种不同的解释意见:有的意见认为它表示汤匙的"匙";也有意见认为它表示射箭的靶子;还有意见认为它表示行走迟缓的"徥"(tí)……总之,根据这些围绕金文字形的解释,"是"后来的意思都是字形被借用的结果。

金 篆 楷

·字的演变

"是"可以表示"对、正确",比如"是非、自以为是、实事求是、一无是处"。以这种意思为基础,"是"还可以表示答应,例如:"是,我明白了。""是,我去告诉他集合时间。"

"是"在文言文和书面语里也表示"这、这个",如"是日、如是",还有"是可忍,孰不可忍"。

"是"现在常常用于联系两种事物,它的作用有三种。

一种表示前后两种事物是一回事,或者用后面一种事物说明前面一种事物的种类或属性等,比如:"李老师是三班班主任。""他是一位作家。"

另一种则表示前面提到的对象属于后面所说的情况,如:"他是一副好嗓子。""广场已经是一片灯光了。"

第三种则表示后面的事物是和前面有关系而存在的，如："村口是一条大路。""运动员满身是汗。"

"是"也常常和"的"一起使用，主要表示事物的类别等，例如："这篇文章是写景的。""车窗是防爆玻璃的。"

另外，当"是"连接前后两个一样的词语时，它的作用有两种。

第一，它含有"虽然"的意思，比如："这篇作文好是好，就是字写得比较潦草。""诗词背诵是背诵，更要理解和领会。"

第二，它表示所说的一些事物互不相干，不能混淆，例如："他是他，我是我。""跑是跑，走是走，速度肯定有快有慢。"

"是"也会出现在一句话的开头，主要表示加重语气，如："是谁把果皮丢在地上了？""是全班同学的共同努力，才让我们拿到了优胜奖。"

如果"是"出现在表示事物名称的词语前面，往往含有"适合"的意思，比如："明天要开运动会，天晴得真是时候。""消防通道应当保持畅通，这些东西放得不是地方。"

"是"也常常用在表示疑问、反问等的问句里面，例如："你是新来的同学？""他是不是已经写完作业了？""你真的是不懂这个道理吗？"

在有些句子里，"是"要读得比较重，这是为了加强语气，包含着"的确、实在"等意思，如："那里的冬天是冷。""只给半小时时间是不够。"

三 xiǎn

显

字的由来

"显"在金文里写成 等，由"日、丝"和表示人头部的"页"（xié）构成，意思是人在阳光下查看细丝。到春秋战国的时候，出现了一种省略"页"的字形 ，汉字简化的时候就以这种字形为基础，确定了现在我们使用的"显"。

"显"最初的意思是明显、显著等，比如"显明、显亮、显眼"，又如《韩非子·难三》中的"故法莫如显"，大意是说一切法令最好都明明白白地传达给人们，这样才便于人们了解和遵循。

〖金〗 〖篆〗 〖楷〗 显

·字的演变

由于表现或者露出这一类行为常常会让某些事物变得显著，因此，"显"随后就产生了"表现、露出"等意思，例如"显露、显现、彰显"。

而在一般情况下，如果人的声名显著，或者时常表露在外，往往都意味着名声大、地位高，所以，"显"后来也可以表示"有名声或者有权势地位的"，如"显赫、显达、显贵"，还有宋代政治家、文学家司马光《新迁书斋颇为清旷偶书呈全董二秀才并示侄良富》中的"力学致显位"，大意是凭借努力学习而获得显要的声名和地位。

因为人们对自己的长辈常常怀有崇敬之心，所以，"显"也可以成为一种对已故长辈的尊敬称呼，比如"显考"指的就是已经去世的父亲。

冒 = mào

·字的由来

"冒"在金文里的字形由"冃"（mào）和"目"构成，"冃"原本就表示帽冠一类衣物，再加上下边的"目",表示的戴在头上的东西这种意思更加明显。

"冒"最初指的就是"帽",例如汉代史学家班固《汉书·隽疏于薛平彭传》中的"著黄冒",意思是戴着黄色的帽子。后来,表示这个意思的时候,字的左边增加了表示纺织物的"巾",于是"帽"就代替了"冒"。

[金] 冐　　[篆] 冒　　[楷] 冒

·字的演变

由于最初表示帽子,所以"冒"随后也产生了"覆盖"这样的意思,比如宋代科学家沈括《梦溪笔谈·技艺》:"先设一铁板,其上以松脂、蜡和(huó)纸灰之类冒之。"讲的是毕昇发明活字印刷术的创举,大意是用松脂、熔化了的蜡混合搅拌纸灰等,然后把混合物在铁板上摊开。

由于覆盖东西常常会起到隐藏真实面目的作用,所以"冒"也可以表示"冒充",如"冒领、假冒、冒牌货、冒名顶替"。

另外,戴上帽子一类也可以看作是"顶上、顶着",而"顶"又含有"逆、顶撞"等意思,因此,"冒"后来也产生了"侵犯、冒失、不顾"等意思,比如"冒犯、冒昧、冒风险、冒天下之大不韪(wéi)"。

而由于帽子总是戴在最上边,所以,"冒"还可以表示"往上升"以及"向外透出"等,如"冒烟、冒火、冒汗"。

字里字外

"冒"虽然字形简单,但很容易写错,它的上面不是"日",也不是"曰",两横跟两边都不相接。

| 二 | yìng |

字的由来

"映"左边的"日"表示字的意思与太阳有关,右边的"央"表示字的读音与它接近。

"映"最初的意思比较复杂,它既有"照射"的意思,如"映射、映照",同时也含有"因反射光线而显出形象"等意思,比如"映衬、倒映、反映",又如宋代诗人杨万里《晓出净慈寺送林子方》:"映日荷花别样红。"此外,光线照射也可以令物体等投下阴影,所以,我们也会说"掩映、隐映"。

字的演变

"映"现在也表示放映电影或者播放电视节目,例如"播映、首映式、将于春节上映"等。

| 一 | xīng |

字的由来

"星"在甲骨文里写成 等,两个近似"口"的形状表示星星,其余部分则是"生"的甲骨文字形,"生"表示"星"的读音与它接近。到了金文,写成 等,表示星星形状的"口"演变成了三个"日","生"的字形也略有变化。再到小篆,三个"日"简化成了一个。后来的楷书继承了小篆字形,形成了今天我们使用的"星"。

"星"最初指的就是天上的星星。它既表示一般意义上夜晚时在天空闪烁发光的天体，也表示天文学意义上在宇宙间能够发光或者反射光的各类天体，例如"星辰、星球、星光、恒星、启明星、星罗棋布"。

[甲] [金] [篆] [楷]

·字的演变

人们用肉眼看到的星星很小，所以"星"也可以表示细碎或细小的东西，如"零星小雨、冒出一串火星"。

"星"还可以表示秤杆上标记斤两等的小点子，比如"定盘星"。

"星"现在还用来表示在一些领域比较出名的"明星"，例如"歌星、影星、笑星、文艺之星"。

字里字外

古代巴比伦人很早就有了星期制。一星期有七天，并且用天上最亮的"七曜（yào）"——日、月、火星、水星、木星、金星和土星来代表每一天，循环使用。例如，日曜日是星期日，月曜日是星期一，依此类推。我国古代也有"七曜"的说法。

此外，"星期"在我国古代还指农历的七月初七，也就是"七夕"。传说天上的牛郎织女在这一天相会。例如唐代王勃《七夕赋》中的"伫灵匹于星期"。后来，"星期"也特指男女婚期。例如明代汪廷讷《种玉记·梦俊》："年少，梦中恍惚相逢，想是星期将到。"

| 一 | zuó |

昨

▣ ·字的由来

"昨"左边的"日"表示字的意思与太阳和时间有关,右边的"乍"(zhà)表示它在古代的读音与"乍"接近。

"昨"最初指的是往日,随后也表示今天的前一天。陶渊明《归去来兮辞》中的"觉今是而昨非",大意是认识到现在所做的才是正确的,而以前所做的却是错误的。

| zhāo |

昭

▣ ·字的由来

"昭"左边的"日"表示字的意思与太阳有关,右边的"召"表示字的读音与它接近。但是据考证,"昭"在金文里原本写成"卲"(shào),后来到春秋战国时期又增加了"日",然后到小篆又减掉了"阝",于是演变成"昭"。

"昭"最初的意思是光明、明亮,例如《楚辞·大招》:"白日昭只。"大意是阳光灿烂辉煌。句中的"只"表示语气。

▣ ·字的演变

由表示明亮,"昭"后来就产生了"显著、明显"等含义,比如"昭彰、昭著、昭然若揭"。

"昭"后来也可以表示"显示、表明"等,如"昭示、昭雪"。

四 jìn 晋

字的由来

"晋"在甲骨文中写成 等，在金文中写成 等，像是两支箭插到器物中。到了小篆，表示箭的两个"矢"字演变成了两个"至"，器物形状则固定成了"日"，写成 等。后来楷书则继承小篆的写法，于是形成了今天我们使用的"晋"。

根据小篆字形，有一种意见认为，"晋"表示太阳来到，进而表示万物伴随着太阳升起而向上生长，也就是"进"的意思，比如"晋见、晋升、晋级"等。而根据金文字形，也有意见认为，"晋"最初表示把箭"插入"器物，也就是"搢"（jìn），即"插"的意思，后来才被借去表示"进"。

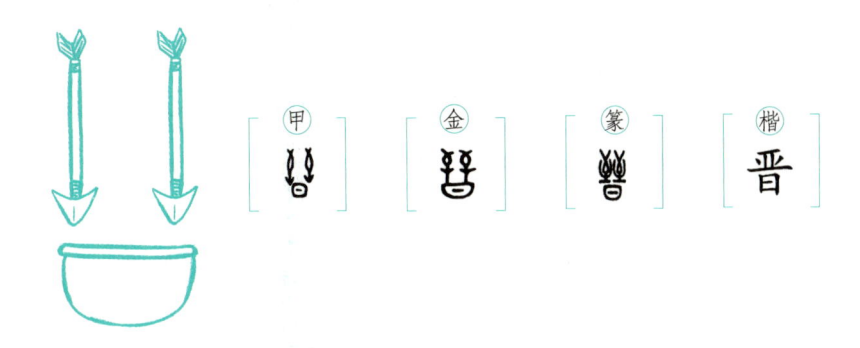

字的演变

现在，"晋"确实具有"进"以及"升、升级"等意思。除此之外，"晋"还是西周时一个诸侯国的名称。

由于"晋"这个诸侯国当时包括山西大部分地区，所以，"晋"现在也成了山西省的别称，例如"晋剧、晋南、晋冀鲁豫抗日根据地"等。

另外，我国历史上还有"西晋""东晋"和"后晋"等几个朝代。

晒 shài

字的由来

"晒"左边的"日"表示字的意思与太阳有关，右边原本写成"丽"的繁体字，后来汉字简化的时候简化成了"西"，"西"和"丽"的繁体字同样表示"晒"在古代的读音与它们接近。

"晒"最初的意思是日晒，也就是太阳把光和热照射到物体上，物体吸收光和热之后水分蒸发而变得干燥，比如"晒太阳、晒被子、晒粮食、太阳晒得人人脸色通红"。

字的演变

由于晒东西基本上是把东西晾在某个地方，而且那些东西在阳光下也很容易被人看到，因此，"晒"后来也可以表示把人或事情等晾在一边，还可以表示把东西等放在那里给别人看，比如："谁都不理他，把他晒在一边了。""他每天都在'朋友圈'里晒旅游途中的照片。"

字里字外

《世说新语·排调》中有一个关于"晒书"的故事。东晋时期，一位名叫郝隆的名士在七夕那天仰卧在地上晒太阳，别人问他在做什么，他不说自己在晒肚皮，却回答："我在晒书。"显然，他认为自己满腹诗书，所以才把晒太阳做了晒书这么有趣的比喻。后来，"晒书"就成了人躺在阳光下晒太阳的一种说法。

·郝隆晒书

晓 xiǎo

字的由来

"晓"左边的"日"表示字的意思与太阳有关，右边的"尧"表示字的读音与它接近。与此同时，也有意见认为由于"尧"具有"高"的意思，所以"尧"也表示"晓"的意思与太阳升高有关。

"晓"最初的意思是天亮，也意味着太阳升起来的时候，例如"拂晓、破晓"，又如唐代诗人孟浩然《春晓》："春眠不觉晓，处处闻啼鸟。"又如杜甫《春夜喜雨》："晓看红湿处，花重锦官城。"

字的演变

由于天亮的时候，一切都会看得清清楚楚，所以，"晓"后来也产生了"明白、清楚、知道、了解"等意思，如"晓得、知晓"。

此外，"晓"也可以表示让别人知道，也就是告知别人、使别人明白，比如"晓谕"等。

字里字外

"晓"包含的"尧"的上边不是"戈"，不要多写一点。类似情况的字还有"浇、烧、绕、翘、饶、跷、娆、挠、骁"等，书写的时候要注意。

晃 huǎng·huàng

字的由来

"晃"上边的"日"表示字的意思与太阳有关,下边的"光"既表示字的读音与它接近,也表示字的意思与光线、光芒等有关。

"晃"最初指的是明亮,读音是第三声 huǎng,比如东晋文学家郭璞《盐池赋》:"烂然汉明,晃尔霞赤。"句中"汉"指的是星汉,也就是银河。句子的大意是把亮晶晶的盐放在红色的盘子里,晶莹闪亮的盐粒就像灿烂的银河一般,而且在红色映衬下,又仿佛是红彤彤的霞光。

字的演变

由表示明亮,"晃"后来也产生了"照耀、闪耀"等意思,例如"太阳晃得人睁不开眼睛"。

由于光具有极快的速度,所以表示"闪耀"意思的"晃",后来也可以表示飞快地闪过、一闪而过,如"虚晃一枪、一晃就没影了"。

古人在解释"晃"的时候,也说它是一种动态的明亮,也就是说它表示光芒闪动或者跳动等状态,比如"明晃晃",它给人的感觉就是光芒闪动。因此,"晃"后来也产生了"摇动、摆动"等意思,读音则是第四声 huàng,比如"晃动、晃悠、摇头晃脑"。

三 shǎng

晌

·字的由来

"晌"左边的"日"表示字的意思与太阳以及时间有关，右边的"向"表示字的读音与它接近。

"晌"最初指的是太阳当空的正午，也就是中午。有两点需要注意：第一，"晌"的这种意思现在只是保留在一些地方话里，如"晌饭、正晌、后晌、歇晌"等；第二，也有意见认为，"晌"是表示"不久前、从前"等意思的"向"后来在民间出现的一种通俗字形，而那种意思的"向"最初上边写成"日"，下边则是"乡"的繁体字形。

·字的演变

"晌"现在主要表示"一会儿、一天之内的一段时间"，比如"看书看了大半晌、几个人在麦田里割了一晌"。

四 yūn·yùn

晕

·字的由来

"晕"在甲骨文里写成 等，像是太阳周围云气环绕的样子。后来到小篆的时候，演变成上边"日"、下边"军"，"日"表示字的意思与太阳有关，"军"则表示字的读音与它接近。

"晕"最初指的是环绕在太阳或月亮周围的光圈，读音是第四声 yùn，例如"日晕、月晕"。

254

[甲] 㬰　[篆] 暈　[楷] 暈

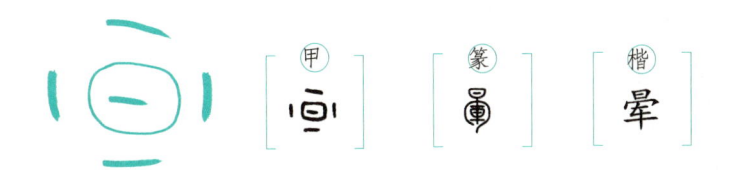

· 字的演变

"晕"也表示光影或者色彩四周模糊的部分,比如"红晕、墨晕、一盏晕黄的油灯"。

由于"晕"所包含的"环绕"含义有着旋转的意味,所以,"晕"也可以表示"头脑发昏,周围物体好像在旋转,有快要跌倒的感觉"这种意思,如"晕车、晕船、看得人眼晕"。

后来,表示"头脑发昏"这种意思也读第一声 yūn,主要用于"头晕、晕头晕脑、晕头转向"等词语。再往后,"晕"也产生了"昏迷"的意思,比如"晕倒、晕厥、病人又晕过去了"。

曹 = cáo

· 字的由来

"曹"在甲骨文里写成 㬰 等,在金文里写成 㬰 等,上边是装着东西的两个口袋形状,也就是两个"东"最初的字形;下边则是器物形状,只是甲骨文像"口",而金文则像"曰"或"甘"。后来到小篆的时候,下边演变成了"曰",再到楷书,下边又演变成了"日",上边则把两个"东"的繁体字形合并成了现在的样子。

"曹"最初的意思是"偶",即"两个、双方"等,例如《楚辞·招魂》中的"分曹并进",大意是分成两方下棋,各自挪动棋子向前。

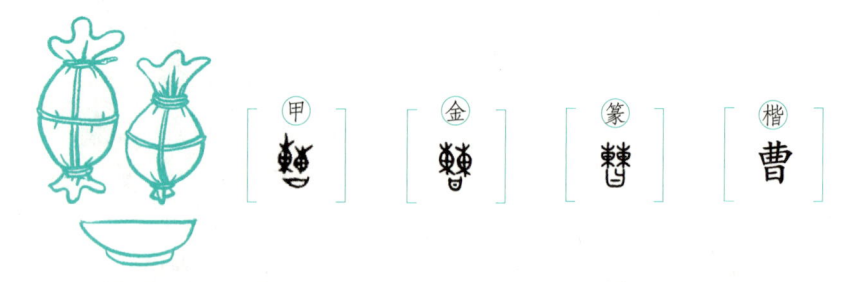

[甲] [金] [篆] [楷 曹]

字的演变

由于"两个、双方"都意味着多个人,所以,"曹"后来也产生了"群、辈"等意思,比如杜甫《戏为六绝句》:"尔曹身与名俱灭,不废江河万古流。"诗句的大意是你们这些人终将身名俱灭,而那些被你们耻笑、辱骂的杰出人物,他们和他们所创造的优秀作品却会像滚滚江河一样万古流传。句中的"尔曹"指的是那些诋毁唐朝初期王勃、杨炯、卢照邻和骆宾王等四位杰出诗人的人。

"曹"在古代也表示分科处理各种事务的官府衙门,即官署。

"曹"还是西周时期地处现在山东省西南部的一个诸侯国的名称,首任君主是周文王姬昌的儿子"曹叔振铎"。因此,"曹叔振铎"也就成了"曹"这个姓氏的一个始祖。

晨 — chén

字的由来

"晨"在甲骨文写成等,在金文里写成等,上边是两只手的形状,下边则是表示一种蚌壳类水生动物"蜃"的古文字形"辰",这种水生动物的硬壳在古代可以当作农具使用。后来到小篆的时候，字形演变成了"晨"，但是上边其实是表示两只手的"臼"（jú、jǔ），而不是"臼"（jiù）。与此同时，小篆还出现了"晨"以及它的省略形式"晨"两种字形，并且被当时学者认为是和"晨"意思不同的字。而到了楷书，"晨"则被确定为通用字形并沿用至今。

根据"晨"的甲骨文、金文字形，它表示手持农具去干农活。由于早晨起来下地干农活是我国绵延几千年的劳动传统，所以，"晨"就有了早晨的意思，比如"晨报、晨读、晨练、清晨、晨钟暮鼓"。

小篆里的"晨、晨"虽然被解释成天空中的"房星"，但是，对它们的完整解释还包括"为民田时"这样的字眼，大意是"房星"与春天的农耕有关。由此可见，不论"晨"曾经出现过哪种字形，它们的含义都被认为同农耕有关。

字里字外

毛泽东曾经说过："你们青年人朝气蓬勃，好像早晨八九点钟的太阳。"这是领袖对青年一代的期望与嘱托。古代也有"一日之计在于晨"的说法。作为未来的主人，我们也应当继承和发扬前人珍惜时间，用辛勤的劳动创造美好生活的传统。

| màn |

🔲 ·字的由来

"曼"在甲骨文里写成 ᙏ 等，像上下各有一只手把眼皮扒开、撑开的样子。到了金文，写成 ᙐ 等，字的最上边又增加了表示冠冕的"冃"（mào），也就是后来的"冒、帽"等，有意见认为它表示"曼"的读音与它接近。小篆基本沿袭金文字形，只是省略了上边那只手的部分。再到楷书，上边则演变成了与"冃"字形接近的"曰"或者"日"，于是形成了现在我们使用的"曼"。

"曼"最初的意思是张目远望，但是这种意思一般很少使用。

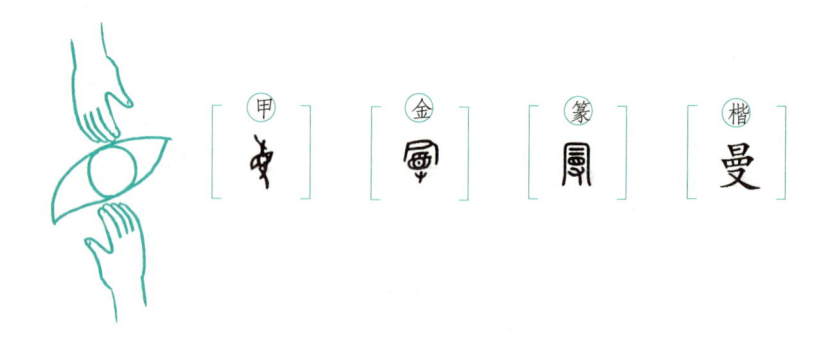

甲	金	篆	楷
ᙏ	ᙐ	曼	曼

🔲 ·字的演变

由于张目远望包含着让视线延伸、延长的寓意，所以，"曼"后来基本表示"长、远"等意思，比如"曼延、曼声"，又如屈原《离骚》："路曼曼其修远兮，吾将上下而求索。"其中的"曼曼"现在一般多写作"漫漫"。

事物的蜿蜒延伸自有一种美感，因此，"曼"后来也可以表示"柔美、细腻"等意思，如"轻歌曼舞、曼妙的身姿"。

五 | huì

晦

·字的由来

"晦"左边的"日"表示字的意思与太阳有关,右边的"每"表示字的读音与它接近。

"晦"最初指的是农历每个月的最后一天,例如唐代医药学家孙思邈《备急千金要方》:"晦望夜半,中庭烧一丸。"这句话说的是预防"伤寒症"蔓延、传染的方法,大意是在农历每个月的十五日和最后一天的半夜,分别把一种药丸在堂屋烧掉,让药燃烧之后的烟气祛除病菌和病毒。句中的"望"指的是农历每个月的十五日那天。

·字的演变

农历每个月的最后一天,最根本的特征是看不到月亮,然而从字面上看,"晦"却包含着表示太阳的"日",这其实反映了古人造字的时候主要是通过"日"来表示光线、光亮等,意思是农历每个月的最后一天,夜晚是没有光亮的。

由于"晦"含有"没有光亮"的意思,所以,它后来也产生了以下几种意思。

第一种是"夜晚",如"风雨如晦",又如明代诗人张煌言《拟古》:"晦明本如毂(gǔ),日日相推移。"句子的大意是夜晚和白天就像车轮一样,不断向前,周而复始。

第二种是"昏暗、不明显",比如"晦涩、晦暝、隐晦"。

第三种是"隐藏",例如"晦匿、韬晦之计"。

晚 wǎn

·字的由来

"晚"左边的"日"表示字的意思与太阳有关,右边的"免"表示字的读音与它接近。

"晚"最初指的是太阳落山之后的黄昏以及夜晚,例如"晚霞、晚报、今晚、联欢晚会、从早到晚",又如唐代诗人杜牧著名的《山行》:"停车坐爱枫林晚,霜叶红于二月花。"

·字的演变

在人的意识中,一般都认为白天在前、夜晚在后,所以,"晚"后来也就产生了下面几种意思。

第一种是"时间靠后的",比如"晚秋、晚清政府、种植晚稻"。

第二种是"比规定的或者合适的时间靠后",例如"大器晚成、车晚点了、今天他起床有点晚"。

第三种是"靠后的一段时间,特别指人的晚年",比如"晚节、晚景"。

第四种是"后来的",如"晚辈"。

第五种是"后辈对前辈的自称",例如"晚生"。

三 tì 替

字的由来

"替"在甲骨文里写成 ♦♦ 等,在金文里写成 ♦♦ 等,是两个站立的人的形状,也就是两个"立"字。后来,在字形演变过程中,下边又增加了装饰性的"口"或者"日、曰、白、甘"等,而且两个"立"也出现过"先、夫"等变化,最后到楷书的时候,则固定成现在我们使用的"替"。

"替"最初的意思是废除、废弃等,例如《资治通鉴·晋纪二十六》中的"或政教沦替",大意是政策和教化都遭到废弃。

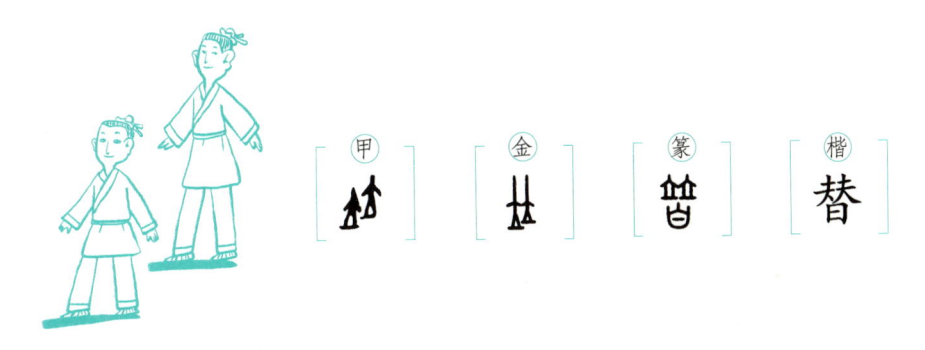

| 甲 | 金 | 篆 | 楷 |

字的演变

事物被废除,既包含着它被终止的意思,也含有它本身衰落、衰败的意思,因此,"替"也可以表示"衰败",如"衰替、兴替"。

由于废除旧的往往意味着建立新的,实际上就是用新的去替换旧的,所以,"替"后来也产生了"替换、交替、代替"等意思,比如"替代、更替、替补队员、替身演员"。

"替"还可以表示"为"(wèi),例如"替获奖同学高兴"。

| zàn |

暂

· 字的由来

"暂"上边的"斩"表示字的读音与它接近,下边的"日"表示字的意思与太阳或者时间有关。

"暂"最初的意思是不久、时间短,如"短暂"。

· 字的演变

"暂"也可以表示"暂时、短时间地",例如"暂停、暂缓、暂行条例、暂告一段落"。

字里字外

需要注意的是,"暂"的读音是 zàn,不是 zǎn 或 zhàn。

| qíng |

晴

· 字的由来

"晴"左边的"日"表示字的意思与太阳有关,右边的"青"表示字的读音与它接近。

但是,按照古代一些文献的解释,最初表示雨过无云这种意思的是"姓"(qíng),"夕"表示字的意思与夜晚有关,"生"表示字的读音与它接近,所以,这个字的意思是夜晚的时候雨停了,星光出现。后来,字的意思也发展出白天的时候雨过天晴，因此，又出现了"晴（qíng）、晴"等字形，并且在古代，也曾经用"星、晶、精"等字表示雨过天晴这样的意思。

由此看来，"晴"是比较晚的时候才出现的一个字，意思是雨停之后阳光灿烂，也就是天空无云或者云比较少，例如"晴朗、天晴、晴空万里"，又如唐代诗人崔颢（hào）《黄鹤楼》："晴川历历汉阳树，芳草萋萋鹦鹉洲。"

一 | shǔ

字的由来

"暑"上边的"日"表示字的意思与太阳有关，下边的"者"表示"暑"在古代的读音与它接近。

"暑"最基本的意思是热，例如"暑假、暑热、酷暑、寒来暑往"等。但是，根据古人的解释，"暑"和"热"也存在着细微差别，"暑"一般表示湿热、闷热，而"热"则表示燥热、干热。所以，处于"三伏天"前后、天气比较闷热的节气才会称作"小暑、大暑、处暑"等。

字里字外

需要注意的是，"暑"和"署"不一样，不能混淆。另外，"暑"一般只是单独作为一个字使用，而"署"却可以被包含在其他汉字里，如"曙、薯"等。

最 zuì

字的由来

"最"上边是"冒"最初的字形"冃"(mào)的变形,不是"曰",也不是"日",它表示字的意思与"冒"有关;下边的"取"虽然有意见认为它表示"最"的意思与它有关,但是一般认为它表示"最"在古代的读音与它接近。

有一种意见认为,"冃"所表示的帽子由于是戴在头上,位于人体最高处,所以,"最"在古代就表示军功或功劳等最高,比如《史记·绛侯周勃世家》:"攻槐里、好畤(chóu),最。"句子的大意是说武将周勃在一次战役中率部先后攻克槐里、好畤两处重镇,在众多将领中军功最高。

字的演变

后来,"最"就产生了"在同类事物中居首位的,没有能比得上的"等意思,如"珠穆朗玛峰的海拔是世界之最"。与此同时,"最"也可以表示"极、无比、超越所有同类事物"等意思,例如"最爱、最大、最多、最好、最后"。

字里字外

在古代还有一个"冣"字,它的读音与"最"相同,字形与"最"接近,而且在意思上也同"最"有联系。"冣"上边的"冖"指的是遮盖东西的布帛一类,当然它也可以用作头饰,本身具有聚拢头发等事物的作用,所以,"冣"在古代表示聚拢、聚集等,而这种意思后来则由"撮"来承担了。至于"冣"这个字,现在已经不再使用了。

四 | xī

🔖 字的由来

"晰"左边的"日"表示字的意思与太阳、光线等有关,右边的"析"表示字的读音与它接近。

"晰"最初的意思是明亮、光亮等,比如白居易《三年除夜》:"晰晰燎火光,氤氤腊酒香。"句子的大意是除夕夜晚灯火通明、辉煌,四周还弥漫着酒的醇香。句中的"燎火"指的是照明的灯烛。

🔖 字的演变

由表示明亮,"晰"后来也产生了"清楚、明白"等意思,比如"清晰、明晰",又如鲁迅《汉文学史纲要》:"萧绎所诠,尤为昭晰。"句中萧绎是南北朝时期南朝一位君主梁元帝的名字,"诠"的意思是诠释、解释、注解或者说明。

字里字外

需要注意的是,书写"晰"字的时候,其中的"日"和"木"不要颠倒位置。

量 liáng · liàng

·字的由来

"量"在甲骨文里写成 🙾 等，上边是表示太阳的"日"的一种字形，下边是装着东西的口袋形状，也就是"东"最初的字形。到金文的时候，最下边又增加了"土"字，写成 🙾。后来，经过小篆等字形演变过程，最后到楷书的时候，固定成了我们现在使用的"量"。

有意见认为，"量"是把"太阳"和"装着东西的口袋"合在一起，表示在露天的地方称东西的轻重。金文增加的"土"则是进一步强化露天的含义。因此，"量"最初的意思就是称量轻重，读音是第二声 liáng，随之也表示度量事物的长短、多少，比如"量杯、量角器、量体温"。

甲	金	篆	楷
🙾	🙾	量	量

·字的演变

由于"量度"东西的长短、轻重、多少等，也相当于衡量和估计，因此，"量"也就产生了"估计、衡量"等意思，例如"思量、酌量"。又如王安石《答司马谏议书》："而某不量敌之众寡。"句子的大意是我不去估量反对我的人有多少。句中"某"在古代是一种表示谦虚的自称，相当于"鄙人、在下"。

因为计量东西的多少一般都需要使用标准化器具，所以，"量"在古代也表示升、斗一类测量东西多少的器具，读音则变成了第四声 liàng，如东汉科学家、文学家张衡《东京赋》中的"同衡律而壹轨量",句子的大意是统一度量衡,"壹"在这里表示"统一、使一致"等,"轨"指的则是车轮之间的距离,实际上也就是车轴的长度。

由表示升、斗一类器具,"量"后来也产生了"能容纳或者能承受的限度"这类意思,比如"容量、饭量、胆量、肚量、力量"。

再往后,"量"也发展出"数量"等含义,如"流量、耗电量"。

字里字外

读第四声的"量"也具有"估计、衡量"等意思,但是它与读第二声的"量"大致有分工:读第二声的"量"在词语里一般出现在靠后的位置,也就是说它不出现在开头,如"衡量、思量、酌量";而读第四声的"量"则一般都是词语的第一个字,比如"量体裁衣、量力而行、量入为出、量才录用"。

一 jīng

字的由来

"晶"在甲骨文里的两种字形和,都是星星散落的样子。到小篆的时候,字形演变成三个"日",楷书则继承了小篆字形,于是形成了我们现在使用的"晶"。

"晶"最初指的是星光,随之也表示明亮、光亮等,例如"亮晶晶、晶莹剔透",又如杜甫《前苦寒行二首》:"楚天万里无晶辉。"

·字的演变

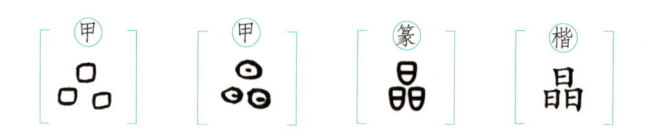

"晶"也可以表示闪烁光芒的结晶体,比如"晶体、结晶、液晶"。

"晶"还可以表示一种特别的结晶体"水晶",如"墨晶、茶晶"。

三 liàng

晾

·字的由来

"晾"左边的"日"表示字的意思与太阳有关,右边的"京"表示"晾"在古代的读音与它接近。

"晾"最初的意思是把东西放在阳光下晒,随后也产生了把东西放在通风处使水分挥发并干燥等意思,比如"晾晒、晾被子、晾干菜"。

·字的演变

由于晾晒东西总是把东西放置在某个地方,所以,"晾"后来也产生了"撇在一边不理睬、冷落"等含义,例如:"一群人有说有笑,可是却把他晾在一旁了。"

有些时候,"晾"也可以代替表示"把热的东西放一会儿,使温度降低"的"凉"(liàng),不过在使用时,一般都用"凉"。

二 jǐng

·字的由来

"景"上边的"日"表示字的意思与太阳有关,下边的"京"表示字的读音与它接近。

"景"最初指的是日光,例如范仲淹《岳阳楼记》:"至若春和景明,波澜不惊,上下天光,一碧万顷。"句中"景明"的意思相当于阳光明媚。

·字的演变

由于阳光照射在物体上总会投下阴影,所以,"景"就产生了"影"的意思,而在古代,"景"也正是"影"最初的字形,比如韩愈《秋怀诗十一首》之六:"今晨不成起,端坐尽日景。"诗句的大意是今天早晨没有起床,一直坐在床上等到太阳落山。句中的"尽日景"指的就是阳光照射物体所投下的阴影消失了,其实这意味着太阳落山、阳光消失。

由于太阳是在高高的天空,所以,"景"就产生了"高大"的意思,例如魏晋时期文人成公绥《啸赋》:"游崇岗,陵景山。"句子的大意是行走在高高的山岗,登上高峻的山峰。"陵"在这里表示登上,而"崇"和"景"则都表示高大。高大的事物都是需要抬头仰望的,因此,"景"后来也就产生了"仰慕、佩服"的意思,如"景仰、景慕"。

另外,由于阳光和影子都会形成某种景色或者形象等,所以,"景"后来也产生了下面几种意思——

第一种是"风光、景色"等,比如"景致、景区、景观、风景"。

第二种是"情形、状况"等,如"背景、远景、愿景"。

第三种是"戏剧、影视的布景和摄影棚外的景物",例如"内景、外景"。

第四种是"剧本的一幕之中由于布景不同而划分的段落",如"第三幕第二景"。

三 zhì

字的由来

"智"在甲骨文里主要有两种字形：⿰ 和 ⿰。在金文里也有两种字形：⿰ 和 ⿰。从整体上看，它们有的像现在的"知"，有的则像现在的"智"。而从它们所包含的部分看，其中主要有：表示箭的"矢"⿰，表示嘴的"口"⿰，表示书本的"册"⿰，表示小孩子的"子"⿰以及"于"⿰等。

"口""册""子"和"知""智"之间的关系比较容易解释清楚，因为它们跟学习和掌握知识的学习者以及有智慧的人，跟承载知识和智慧的书本等都具有直接的关系。但是，对于"矢"在字里面所起的作用是什么，一直存在着不同意见：有的意见认为它表示"知"或"智"的读音与它接近；也有意见认为它表示有了知识和智慧的人，他们包括说话在内的一切反应都像箭一样迅速。

另外，对于甲骨文第一种字形⿰左边和金文第二种字形⿰右上角的"于"，它究竟表示什么，意见也有分歧：有人认为因为"于"最初表示气流从肺部开始经过体内通道从口中呼出，所以它与"口"的意思相近，客观上加强了智者言语反应迅捷的意味；也有意见认为气流从体内出来具有兜兜转转的特征，所以表示智者可以辨别和捕捉到言语背后隐含的那些比较委婉的意图；还有意见认为"于"是表示管乐器的"竽"字的省略，意思是有知识、有智慧的人善于分辨出乐曲的寓意。

由此可见，不论在具体解释上存在着什么差别，大多数意见基本都认为"知"和"智"这两个字存在着交织关系，你中有我，我中有你。其次，大家也都认为它们最初的意思都与"明了（liǎo）"有关，再由"明了"进而表示智慧。

字的演变

后来,"智"主要表示"智慧"以及"有智慧",而"知"则主要表示"了解、理解、明白"等意思。

西汉文学家贾谊的《治安策》里有一句:"凡人之智,能见已然,不能见将然。"句子的大意是就普通人的智慧而言,一般表现是能够明白已经发生的事情,但是却不能够预测将要发生的事情。句中的"智"和现在我们常说的"智力、智谋、智能、才智、心智、急中生智"等里面的"智",都是"智慧、见识"的意思。再比如,"德、智、体、美、劳"全面发展,这是我们国家的教育方针和教育目标。

与此同时,"明智、机智""仁者见仁,智者见智"等里面的"智",则是"有智慧、聪明"的意思。清代文人梁启超的《少年中国说》中的"少年智则国智",说的就是如果一个国家的少年有智慧,则这个国家必然是有智慧的国度。

三 pǔ

普

字的由来

"普"的上边最初是"并"的一种繁体字形,虽然有意见认为它也表示"普"的意思与它有关,但是一般认为它表示"普"在古代的读音与它接近。"普"下边的"日"表示字的意思与太阳有关。

有一种意见认为,"普"最初的意思是太阳即将落山的时候失去了光芒的那种状态。但是,这种意思目前在古代还没有发现明确的例证,只是有意见解释说,黄昏时分远近朦胧一片,因此,"普"就有了"广泛、普遍"这一类意思。然而，大多数意见则认为，"普"表示"广泛、普遍"等意思应当是一种借用，是由于它与表示"广泛、普遍"等意思的"溥"（pǔ）读音相同，所以就被借去表示这些意思了。

·字的演变

"普"现在最基本的意思就是"普遍、全面"，比如"普查、普及、普天同庆、阳光普照"。

字里字外

普通话是我们国家法律规定的"国家通用语言"。推广普通话是我国的一项基本国策，它的主要目的是加强不同民族和不同地区之间人们的交往与交流，提高全体公民的语言文字能力，促进全社会的共同发展与进步。

曾 | céng·zēng

·字的由来

"曾"在甲骨文里写成 等，上边表示蒸汽，下边是类似现在笼屉的形状。到了金文，又在最下边增加了表示锅的部分，写成 等。后来经过小篆，再到楷书，最终形成了现在我们使用的"曾"。

"曾"最初指的是一种通过蒸汽加热或蒸熟食物的器具，实际上也就是古代的一种陶制炊具"甑"（zèng），所以，"曾"最初的读音应当是zēng，后来人们另外创造了"甑"这个字来表示这种意思。

[甲] [金] [篆] [楷]

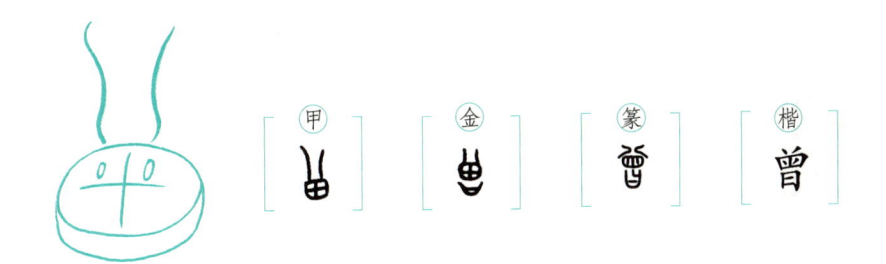

字的演变

在表示蒸东西的炊具的基础上,"曾"产生了其他意思。

首先,因为笼屉这类炊具是叠加在锅上面的,而且它本身也可以一层一层往上增加,所以,"曾"在古代就有了"增加、累加、重叠"等意思,例如《孟子·告下子》:"曾益其所不能。"句子的大意是增强补充他们还没有具备的才能,其中"曾益"相当于"增益"。再如屈原《九章·橘颂》中有"曾枝"的说法,指的是重重叠叠的枝条。

其次,由"重叠、累加"这种意思,"曾"后来也可以表示中间叠加了几辈人的亲属关系,比如"曾祖父"的含义就是中间叠加了"父亲、祖父"等亲属,而"曾孙"则意味着中间叠加了"儿子、孙子"等亲属。

按照"曾"在意义上的发展线索,其实也有意见认为,当它读 céng 的时候,意思仍然同"增加、累加、重叠"等意思有关,比如杜甫《望岳》:"荡胸生曾云。"其中"曾云"指的就是重重叠叠的云彩,后来一般写成"层云"。一直到现在,"曾"所表示的"以往、曾经"等意思,实际上也可以看作是时间的累加和叠加,由此才形成了过去和现在之间的距离。

暖 | nuǎn

字的由来

"暖"左边的"日"表示字的意思与太阳有关，右边的"爰"（yuán）表示字的读音与它接近。根据古人考证，"暖"最初左边也写成"火"，表示字的意思与火有关。

"暖"最初的意思是温暖、暖和，例如苏轼《惠崇春江晚景》："竹外桃花三两枝，春江水暖鸭先知。"又如王安石《元日》："爆竹声中一岁除，春风送暖入屠苏。"

字的演变

"暖"也可以表示"使东西变得温暖"，比如"暖手、暖一暖身子"。

字里字外

需要注意的是，"暖"的右边是"爰"，不是"爱"，要和"暧昧"的"暧"区别开。

暖　暧

二 àn

暗

字的由来

"暗"左边的"日"表示字的意思与太阳有关,右边的"音"表示"暗"在古代的读音与它接近。

"暗"最初的意思是光线不足、昏暗、黑暗等,例如"暗淡、暗箱、幽暗、天昏地暗",又如唐代诗人卢纶的《塞下曲》:"林暗草惊风,将军夜引弓。"

字的演变

由于在光线不足情况下,一切事物都会不那么显露、不那么鲜明,同时也不那么清楚,"暗"后来也产生了下面几种含义。

第一种是"隐藏不露的、秘密的"等,比如"暗号、暗道、暗度陈仓、明察暗访"。

第二种是"颜色浓重、不鲜明",如"暗绿、暗红色、柳暗花明"。

第三种是"糊涂、不明白"等,例如"暗昧、愚暗"。

五 xiá

暇

字的由来

"暇"左边的"日"表示字的意思与太阳或时间等有关,右边的"叚"在古代有 jiǎ 这样一种读音,表示字的读音与它接近。

"暇"最初的意思是"空闲、没事的时候"等,例如"闲暇、无暇自顾、目不暇接、应接不暇、自顾不暇"。又如李白《梁园吟》："人生达命岂暇愁？且饮美酒登高楼。"诗句表现的是诗仙一贯豁达的性情与胸怀，大意是人的一生知晓、看透天命就好，哪有闲暇时间总是去伤春悲秋？还是乘兴畅饮美酒、登高眺远来得痛快。

三 bào·pù

·字的由来

"暴"在春秋战国时期有这样一种字形，最上边是"日"，"日"的下面是"出"，再往下是表示两只手的"廾"（gǒng），最下边则是"米"。小篆显然完全继承了这种字形。后来到楷书的时候，中间的"出"和"廾"合并成了与"共"相似的部分，最下边的"米"则演变成了"水"的变形"氺"，于是形成了现在我们使用的"暴"。

"暴"最初的意思是曝晒，也就是用双手把米捧出来，在阳光下晒，读音是 pù，例如《孟子·滕文公上》："江汉以濯（zhuó）之，秋阳以暴之。"句子的字面意思是江水冲洗它，秋天的艳阳曝晒它。句中的"之"指的是君子的德行，所以句子大致说的是君子的德行经过岁月的冲刷和磨炼，将会更加纯洁和美好。表示这种意思的时候，现在多使用"曝"。

·字的演变

由于是把东西放在太阳下晒，所以，"暴"后来就产生了"显露、暴露"等意思，但是，需要注意的是，与"曝露"意思基本相同的"暴露"，其中的"暴"现在则要读成 bào，如"自暴家丑"。与此同时，"暴"后来所表示的与此有一定关系的"突出、鼓起来"等意思，读音也是 bào，比如"手臂上青筋暴起"等。

另外，小篆中还有一个字形，它最下边是表示快速前进的"夲"（tāo），但是在字形演变过程中，这种字形后来和"暴"合并了。而这种字形最初的意思则跟"夲"有关，表示疾速、快速，例如《诗经·邶风·终风》中的"终风且暴"，大意是大风刮得异常迅猛。

随后，以上面的意思为基础，"暴"也产生了以下几种含义。

第一种是"突然而且猛烈"，如"暴雨、暴怒、暴增、暴饮暴食"。

第二种是"暴烈急躁"，比如"暴躁、暴脾气、暴跳如雷"。

第三种是"残酷、凶狠"等，例如"暴徒、暴行、残暴"。

急躁和残酷，往往会对事物造成一定损害，因此，"暴"也可以表示"糟蹋"等，比如"暴殄天物、自暴自弃"。

曙 shǔ

字的由来

"曙"左边的"日"表示字的意思与太阳有关，右边的"署"表示字的读音与它接近。

"曙"最初指的是拂晓、天亮，例如南北朝时期文学家庾信《行途赋得四更应诏诗》中的"四更天欲曙"，说的是四更的时候天就要亮了。

字的演变

由于天亮也意味着早晨，所以"曙"随后也产生了"早晨、天亮时分"等含义，比如"曙光、曙色"。又如屈原《九章·悲回风》中的"思不眠以至曙"，大意是一夜苦苦思索直到清晨。还有唐代诗人王维《同崔员外秋宵寓直》："九门寒漏彻，万井曙钟多。"句中的"九门"指皇家宫禁，"万井"表示千家万户，"曙钟"则相当于"晨钟"。诗的大意是宫廷里计时的"漏壶"无处不在，而市井中千家万户的晨钟也在四处响起。

四 | bào·pù

曝

·字的由来

"曝"左边的"日"表示字的意思与太阳有关，右边的"暴"表示字的读音与它接近。

"曝"最初的字形是"暴"，读音是 pù，后来又在左边增加了一个"日"，意思还是在阳光下晒，例如"曝晒、一曝十寒"。又如唐代诗人沈佺（quán）期《七夕》："月皎宜穿线，风轻得曝衣。"诗句的大意是月光皎洁的时候适合穿针引线，而微风轻拂的时候也正好晾晒衣物。

·字的演变

由晾晒含义，"曝"随后也产生了"显露、暴露"等意思，如"曝露"。

此外，"曝"也可以读作 bào，意思是"使照相底片或感光纸感光"，比如"曝光"。而"曝光"还可以比喻"隐秘的事情显露出来，被众人知道"，例如："这家企业排污不达标的事情被曝光之后，已经停业整顿。"

少儿说文解字